Arbeiten
mit der Feinschnittsäge
Band 1

Patrick & Patricia
Spielman

Lustige Puzzles aus Holz

selbst gemacht

 Verlag Th. Schäfer
Hannover

Aus dem Amerikanischen übersetzt
von Peter Müller, Menden

Fachliche Beratung durch
Dr. Günther Heine, Dipl.-Ing., Aumühle /Hamburg

In der Reihe „Arbeiten mit der Feinschnittsäge"
erscheinen in loser Folge Bücher mit Mustervorlagen
und Arbeitsanleitungen.
Danach können Hobbywerker mit der Feinschnitt-
Laubsäge Spielzeuge, Figuren, Puzzles, Dekoratives
und vieles mehr aus Holz selbst gestalten.

ISBN 3-88746-303-X

Best.-Nr. 9207

© 1988 Patrick und Patricia Spielman
für die amerikanische Ausgabe
"Scroll Saw Puzzle Patterns"

© 1993 Verlag Th. Schäfer, Hannover
Redaktion: Dr. Joachim F. Baumhauer

Die deutsche Ausgabe erscheint mit Genehmigung
des Verlages Sterling Publishing Co., Inc., New York

Gesamtherstellung:
Th. Schäfer Druckerei GmbH, Hannover

Inhalt

Zur Reihe
„Arbeiten mit der Feinschnittsäge" 4

1 Puzzles gestern und heute 5

2 Unser Grundstoff: Holz 9

3 So entwerfen Sie
individuelle Holzpuzzles 16

4 Das Handwerkszeug:
Maschinen, Techniken und Tips 23

5 Bilder in Stücken –
Laubsägepuzzles leicht gemacht 40

6 Standpuzzles:
ein ganzer Zoo zum Aufstellen 46

7 Einlegepuzzles
zum Spielen und Lernen 95

8 Ein paar raffinierte Puzzle-Ideen 154

9 Die Veredelung: Oberflächenbehandlung und Bemalung 163

Zur Reihe „Arbeiten mit der Feinschnittsäge"

Die Bücher der Reihe „Arbeiten mit der Feinschnittsäge" erscheinen in loser Folge im Verlag Th. Schäfer. Mit Hilfe dieser Bücher lernen Sie, wie Sie mit Ihrer elektrischen Feinschnitt-Laubsäge Spielzeuge, Figuren, Wand- und Fensterbilder, Modelle, Ornamente und mehr aus Holz selbst machen können. Diese Reihe bietet präzise Arbeitsanleitungen, Muster und Vorlagenzeichnungen, vermittelt wichtige Tips und hilfreiche Informationen, und schließlich gibt sie dem Hobbywerker das Rüstzeug an die Hand, eigene Entwürfe zu realisieren. Sind Sie Anfänger oder Fortgeschrittener, fertigen Sie für den eigenen Bedarf oder für den Verkauf? Diese Bücher werden auch in Ihrer Praxis bald unentbehrlich sein!

Was leistet die moderne Feinschnittsäge?

Wer erinnert sich nicht an sie – die gute alte Laubsäge mit all ihren Freuden und Tücken? Mittlerweile erleichtern überall elektrische Geräte dem Hobbywerker und Bastler seine Arbeit. So auch im Falle der Laubsäge. Für all das, was man früher mit der Handlaubsäge gemacht hat (und noch sehr viel mehr), benutzt man heute die elektrische Feinschnittsäge, auch Feinschnitt-Laubsäge oder Dekupiersäge genannt.

Die Feinschnittsäge ist weitaus vielseitiger als eine Bandsäge und viel genauer als eine Stichsäge. Sie ist erschwinglich im Preis, robust konstruiert und sehr sicher in der Handhabung. Vorkenntnisse in der Holzbearbeitung, größeres handwerkliches oder künstlerisches Geschick sind nicht erforderlich. Die Feinschnittsäge ist das einfachste der elektrischen Handwerkszeuge. Ihr Gebrauch ist schnell zu erlernen und im wahrsten Sinne des Wortes kinderleicht.

Dabei ist die Feinschnittsäge auch das Gerät der Wahl für den fortgeschrittenen Hobbywerker. Sie kann für eine große Spannbreite von Techniken benutzt werden, vom einfachen Aussägen von Figuren bis hin zu feinsten filigranen Arbeiten und Intarsien. Ja, sogar für das Sägen von Kunststoff, Metall und anderen Materialien läßt sie sich verwenden. Die Feinschnittsäge erfordert nur eine kleine Arbeitsfläche, sie verursacht extrem wenig Abfall, Staub und Lärm. Holzabschnitte, die normalerweise mit anderen Werkzeugen nicht mehr sicher geschnitten werden können, lassen sich mit der Feinschnittsäge noch in nützliche und attraktive Dinge verwandeln. Die unglaublich sauberen Trennschnitte der Feinschnittsäge machen das Schleifen mit Sandpapier fast überflüssig. Außerdem sind zur weiteren Bearbeitung des Holzes keine zusätzlichen komplizierten und teuren Werkzeuge erforderlich.

Etwas zur Geschichte

Die mit der Hand geführte Laubsäge soll um 1560 in Deutschland erfunden worden sein. Dank der schmalen Sägeblätter konnte man mit ihr feinste Ornamente für Auflege- oder Einlegearbeiten aus dünnen Brettchen oder Furnieren aussägen. Mit dem Maschinenzeitalter kamen um 1850 mechanische Laubsägen mit Handkurbel- oder Pedalantrieb auf. Fabriken nutzten als Antriebsenergie für ihre mechanischen Laubsägen sogar die Wasserkraft. Vor und kurz nach der Wende zu unserem Jahrhundert erlebten Laubsägearbeiten eine Blüte. Es war modern, Gitterwerk und Konsolen mit filigraner Ornamentik auszusägen. Um 1900 wurde dazu erstmalig der Elektromotor benutzt.

Verantwortlich für die heutige Renaissance der Laubsägearbeiten sind die elektrischen Feinschnittsägen der Firma Hegner aus dem Hochschwarzwald. Diese Firma kam 1975 mit einer technisch wesentlich verbesserten Feinschnittsäge auf den Markt. Sie löste in Amerika einen Boom unter den Hobby-Holzhandwerkern aus. Durch die Feinschnittsäge-Technik mit dem zehntelmillimeter feinen Sägeschnitt wurden jetzt feinste Laubsägearbeiten möglich. Mittlerweile sind die deutschen Hobbywerker dabei, die Amerikaner einzuholen. Auf jeder Stadtteilmesse, auf jedem Burgfest und auf jeder Straßenfete „Alte Handwerke stellen sich vor" gibt es Stände, auf denen der „Meister" dabei ist, auf der Feinschnittsäge Spielzeuge zu schneiden. Und dazu bietet er eine große Auswahl seiner Erzeugnisse an.

Über die Autoren

Patrick Spielman ist weltweit als Fachmann auf dem Gebiet der Holzbearbeitung anerkannt. Seine Bücher – holztechnische Fachbücher sowie Hobby-Anleitungen – haben im englischsprachigen Raum Millionenauflagen erreicht. Mit seiner Frau Patricia, einer Designerin, und seiner Familie lebt und arbeitet er in den Wäldern des nördlichen Door Country im US-Bundesstaat Wisconsin.

1 Puzzles gestern und heute

Die bekannteste und älteste Art von Puzzles sind die überall verbreiteten Laubsägepuzzles, die als Massenprodukt aus dickem Hochglanzkarton hergestellt werden. Die Einzelteile eines Puzzles stellt man dabei gar nicht direkt mit Laubsägen oder elektrischen Feinschnittsägen her. Ihr Name rührt vielmehr von den Sägen her, mit denen die Vorlagen für die Matrizen zugeschnitten werden. Mit diesen Matrizen stanzt man später die Einzelteile des Puzzles aus dem Karton.

Die Originalteile eines neuen Puzzles werden aus ausgesuchtem dickem Hartholz ausgesägt. Die Einzelteile werden dann mit dünnen Metallstreifen umgeben und diese miteinander verbunden. Mit Hilfe der scharfen Kanten dieser Metallstreifen können so vollständige Puzzles in einem Arbeitsgang ausgestanzt werden.

Abbildung 1 Mit der Feinschnittsäge gesägte Laubsägepuzzles sind für jede Altersgruppe geeignet. Sie bereiten viel Freude und sind einfach anzufertigen.

Auch heute noch ist diese Technik mit Metallstreifen als Matrizen die einzig praktikable Methode, um Puzzles in Serie herzustellen.

Die frühesten Puzzles wurden einzeln mit Handlaubsägen ausgesägt. Einem Engländer namens John Spillsbury wird die Erfindung des Laubsägepuzzles um 1760 zugeschrieben. Spillsbury klebte handkolorierte Landkarten auf dünne Mahagonihölzer, die er dann entlang der Grenzlinien aussägte. Spillsburys Puzzles waren sehr teuer und kamen als „zerlegte Landkarten für den Geographieunterricht" auf den Markt.

Die ersten aus Karton gestanzten Laubsägepuzzles wurden Anfang bis Mitte des vorigen Jahrhunderts in den Vereinigten Staaten hergestellt. Die Bezeichnung „zerlegtes Puzzle" wandelte sich zu „Laubsägepuzzle", und die Puzzleherstellung wurde zu einem eigenen Industriezweig. Einige der frühen Hersteller gaben „Legezeiten" für das Zusammensetzen ihrer Puzzles an, und ein paar Zeitgenossen erlangten durch die Geschwindigkeit, mit der sie Puzzles zusammensetzten, Berühmtheit. In den Jahren der Weltwirtschaftskrise blühten die Puzzleclubs und Puzzlewettbewerbe. Etliche berühmte amerikanische Familien – einschließlich der Rockefellers, Vanderbilts und DuPonts – haben leidenschaftlich Puzzles gesammelt und gelegt.

In anderen Ländern wurden Puzzles weit bis ins späte neunzehnte Jahrhundert aus Holz gefertigt. Ab etwa 1914 kam Sperrholz in Gebrauch. Die „Furnierplatten" bedeuten immer noch das Material schlechthin für Heimwerker, die mit modernen Feinschnittsägen eigene Puzzles für den Hausgebrauch herstellen.

Heute gibt es ein bekanntes Unternehmen in England, das nach wie vor hölzerne Laubsägepuzzles in Einzelfertigung für einen weltweiten Markt auf Bestellung produziert. Der Kunde stellt eine Fotografie oder ein Bild zur Verfügung und gibt den Schwierigkeitsgrad an, der dafür maßgebend ist, wie das Puzzle geschnitten werden muß. Diese Puzzles werden aus 4 mm starkem, dreilagigem Birkensperrholz produziert.

Wenn Sie eine Feinschnittsäge besitzen und ein paar grundlegende Arbeitstechniken beherrschen, können Sie ihre eigenen Laubsägepuzzles auf traditionelle Weise anfertigen (siehe Abb. 1 und 2). Jedes beliebige Bild, Foto, Landkarte, Postkarte oder Poster kann auf Holz geleimt und so in Einzelteile gesägt werden, daß ein Puzzle entsteht. Den Möglichkeiten, mit der eige-

Abbildung 2 Zwei Laubsägepuzzles mit Postkartenmotiven – eines mit 6, das andere mit 28 Teilen.

nen Feinschnittsäge Laubsägepuzzles für Erwachsene und Kinder herzustellen, sind keine Grenzen gesetzt. Die Anfertigung dieser Puzzles verlangt nur ein wenig Geschick oder Phantasie, und überhaupt kein künstlerisches Talent. Überdies benötigen Sie keine große technische Anleitung.

Wie populär und verbreitet Laubsägepuzzles jedoch auch sind, sie nehmen – weil sie so einfach selbst zu machen sind – nur einen kleinen Teil dieses Buches ein. Der größte Teil dieses Buches beschäftigt sich mit Vorlagen und Arbeitstechniken für die Herstellung von zwei weiteren Puzzlearten – den Standpuzzles (Abb. 3) und den Einlegepuzzles, auch Brettpuzzles genannt (Abb. 4 und 5).

Die Nachfrage nach handgefertigten Puzzles aus Holz in guter Qualität für Kinder nimmt ständig zu, wahrscheinlich weil diese Puzzles so einfach herzustellen sind. Kinder lieben sie. Die Eltern mögen sie aus vielen Gründen, in erster Linie wohl wegen ihres großen erzieherischen Wertes. So sind sie ein Verkaufsschlager auf Flohmärkten, in Geschenk- und Handarbeitsläden, auf Kunstmärkten und bei Basaren. Handwerklich hergestellte, aufrechtstehende Puzzles und Einlegepuzzles kommen beim Publikum im allgemeinen besser an als hölzerne Laubsägepuzzles in Einzelfertigung. Das liegt daran, daß Laubsägepuzzles eher individuell für eine bestimmte Person oder auf ein bestimmtes Thema ausgerichtet sind.

Die Herstellung von Standpuzzles und Einlegepuzzles, die durchschnittliche Ansprüche übersteigen, setzt zuerst einmal hochwertige, künstlerisch entworfene Vorlagen voraus. Dann muß man leuchtende und lebendige Farben einsetzen, die die Sinne der jungen Puzzlebenutzer und ihre Phantasie anregen. Darum haben wir diesen beiden Grunderfordernissen im vorliegenden Buch den Vorrang eingeräumt. Sie finden im Textteil etwa 80 Vorlagen für Puzzles, die wichtigsten Puzzles sehen Sie zusätzlich noch einmal auf den Farbtafeln. Auf diese Weise können Sie die Puzzles bis ins Detail exakt kopieren, bis hin zum genauen Ton und zur Schattierung einer bestimmten Farbe.

Einige der traditionellen Alphabet- und Zahlenpuzzles, die lustigen Tiere, der mit Namen versehene Luftballon (Abb. 5) sowie die Clowns und Regenbogenbilder zählen mit Sicherheit bald zu den beliebtesten in der Familie. Einige Puzzles sind so ausgefallen, etwa die Karte der Vereinigten Staaten, daß man sie im Kinderzimmer an die Wand hängen kann, wenn sie nicht benutzt werden. Oder leimen Sie einfach die Teile zusammen, und benutzen Sie die Puzzles nur zur Dekoration.

Abbildung 3 Geschickt entworfene Standpuzzles können als Ganzes bewegt werden. Sehen Sie sich das dicke Material, die sauber gerundeten Kanten und die glatten Oberflächen an. Bei dem rechts gezeigten Elefanten können Sie sehen, daß zur größeren Stabilität der Rüssel beim Aussägen mit dem Kopf verbunden bleibt.

Zusätzlich zu den Vorlagen haben wir nützliche Informationen zu eigenen Entwürfen sowie zur Holzauswahl und zur Anwendung einiger grundlegender Werkzeuge und Maschinentechniken angefügt. Sie sollen Ihnen die Arbeit erleichtern und effizienter machen. Wir geben Ihnen auch Tips für die Benutzung von Aufklebern, Abziehbildern, vorgedruckten Buchstaben und Schablonen. Mit diesen Produkten

Abbildung 4 Solche Puzzles werden als Einlegepuzzles bezeichnet. Sie bestehen aus zwei dünnen Holzlagen, üblicherweise Furnierplatte. Sie werden aufeinandergeleimt, nachdem die Puzzleteile aus der oberen Lage herausgesägt worden sind. Die untere Lage besteht meistens aus Material von minderer Güte.

Abbildung 6 Hier sehen Sie ein für die Serienproduktion vorbereitetes Werkstück. Fünf aufeinander geleimte Schichten sollen gleichzeitig ausgesägt werden. Das auf einem Fotokopiergerät hergestellte Schnittmuster ist provisorisch auf der obersten Lage befestigt. Dadurch geht die Arbeit schneller und einfacher vonstatten.

Abbildung 5 Dieses liebenswerte Ballonpuzzle erhält durch den Namenszug eine persönliche Note.

können sie Ihrer Arbeit einen ganz besonderen „professionellen" Pfiff verleihen. Künstlerisches Talent ist dabei nicht erforderlich, trotzdem hebt sich Ihre Arbeit von der anderer Heimwerker ab.

Sie erhalten in diesem Buch außerdem einige einfache, aber sehr wirkungsvolle Tips für das Aufbringen von Details, die bestimmte Einzelheiten entscheidend hervorheben können.

Haben Sie vor, Ihre Erfahrungen in der Herstellung von Puzzles gewinnbringend umzusetzen? Sie finden in diesem Buch neben neuen Methoden einige traditionelle Techniken für die Produktion größerer Stückzahlen. Puzzles herzustellen ist für jeden Menschen über 10 Jahren eine gute Möglichkeit, sich über den Freizeitspaß hinaus ein zusätzliches Einkommen zu schaffen (siehe Abb. 6 und 7).

Wenn Sie Puzzles zur Freude und zur Erziehung der jüngsten Familienmitglieder oder der Nachbarschaft herstellen, bringt dies auf eine ganz besondere Art ihren Lohn. Sehen Sie sich einmal die eifrigen kleinen Hände und die konzentrierten Gesichter beim erfolgreichen Zusammensetzen ihrer Puzzleteile an. Puzzles herzustellen macht auch deshalb so viel Freude, weil Sie durchaus mehrere Puzzles in sehr kurzer Arbeitszeit vollständig herstellen können. Im Gegensatz zum Möbelbau, dem Schnitzen oder der Kunsttischlerei erfordern die Puzzles nur wenig handwerkliche Fähigkeiten und lediglich ein Minimum an Zeit und Werk-

Abbildung 7
Hier haben Sie ein Beispiel für eine Serienproduktion mit Hilfe des Stapelschnitts. Wenn Sie verschiedene Holzarten und Lasuren verwenden, können Sie aus dem Grundmuster eines Puzzles fünf verschiedene Varianten gestalten.

Abbildung 8
Diese Puzzles sind aus Abfallholz einer Bauschreinerei hergestellt.

Abbildung 9
Diese 150 × 150 mm großen Denkspiele bestehen aus zwei Lagen Furnierplatte. Dünne, um die Außenkante geleimte Leisten halten die Puzzleteile zusammen.

zeug. Sie benötigen nur einen sehr kleinen Arbeitsplatz und preiswertes Material (Abb. 8 und 9). Was auch immer Sie bei Ihren Puzzles für Ziele vor Augen haben, wir als Autoren können Ihnen eines garantieren: Es wird für Sie eine echte und wertvolle handwerkliche Erfahrung sein, die mit viel Spaß verbunden ist.

2
Unser Grundstoff: Holz

Es gibt eine reiche Auswahl an Holz, das für die Herstellung von Puzzles geeignet ist. Einige Holzarten sind weit verbreitet, leicht erhältlich und relativ preiswert (siehe Abb. 10). Andere Arten sind außergewöhnlich, daher oft schwer zu bekommen und grundsätzlich teurer, sie sind allerdings nicht unbedingt für die Herstellung eines Puzzles notwendig. Aus fast jeder Holzart oder fast jeder Qualität lassen sich herrliche Puzzles herstellen. Das Ergebnis einer Arbeit hängt normalerweise mehr vom Entwurf, dem Arbeitsaufwand und der Qalität der handwerklichen Arbeit ab als von der Materialauswahl.

Sobald Sie mehr Erfahrungen im Umgang mit Holz gesammelt haben, werden Sie wahrscheinlich Materialien verwenden wollen, die ihren Fertigkeiten angemessen sind. Letzten Endes erwartet auch niemand, daß ein Kunsttischler für eine hochwertige Chippendale-Kommode gewöhnliches Kantholz von 50 mm × 100 mm verwendet.

Das Holz, das für den Großteil der Puzzles in diesem Buch benutzt wurde, fällt in zwei Kategorien: Schnittholz und Plattenwerkstoffe (Furnierplatten und Hartfaserplatten). Wir werden kurz über einige der Vor- und Nachteile von beiden Materialien sprechen.

Schnittholz

Schnittholz wird in erster Linie für stehende Puzzles (siehe Abb. 10 und 11) benutzt. Sie können, je nach Ihrem persönlichen Geschmack, eine Weich- oder eine Hartholzart nehmen. Um jedoch schweres oder starkes Hartholz gut sägen zu können, brauchen Sie eine hochwertige Feinschnittsäge. Die Säge muß zuverlässig genaue, senkrechte Schnitte ausführen können, es darf keine Verformung oder Abweichung auf den Schnittflächen auftreten, die später die Funktionen des Puzzles beim Zusammenstecken der Einzelteile behindern könnte.

Handelsübliches Weichholz mit den Maßen 50 mm × 100 mm oder 50 mm × 150 mm oder entsprechendes Bauholz sind ideal für bestimmte Standpuzzles. Oft können Sie größere Mengen guter Abfallstücke davon auf Baustellen bekommen, meist sogar umsonst. Selbstverständlich können Sie auch in Ihrem örtlichen Baumarkt preiswerte Kantholzlängen kaufen. Vermei-

Abbildung 10 Sie können für die Herstellung von Standpuzzles die üblichen Weichholz-Kanthölzer 50 × 100 mm und 50 × 150 mm verwenden.

Abbildung 11 Zu den gut geeigneten Hartholzsorten zählen, von links nach rechts, Weymouthskiefer (Pinus strobus), Sugar-Pine (Pinus lambertiana, eine in Europa wenig bekannte Kiefernart), Zuckerahorn (Acer saccharum) und Bergahorn (Acer pseudoplatanus).

den Sie aber auf jeden Fall druckimprägniertes Holz, da es schädliche Konservierungsstoffe enthalten kann.

Bauholz aller Qualitäten ist fast immer künstlich getrocknet, was gut ist, denn dadurch ist es gegen Verwindungen und Risse besonders widerstandsfähig. Normalerweise handelt es sich um Sortierungen von Fichte, Kiefer oder Tanne. Sie können auch die einfacheren Qualitäten dieser Ware kaufen; allerdings sind zu viele Äste, Splitter, Risse, Baumkanten oder andere Defekte der Herstellung eines Puzzles hinderlich. Hat das Holz zu viele dieser Defekte, könnten die besseren Qualitäten wirtschaftlich vorteilhafter sein.

Eine gute Stärke für stehende Puzzles ist 40 mm (siehe Abb. 10). Puzzles, die breiter sind als 140 mm, können hergestellt werden, indem man Hölzer Kante an Kante leimt (siehe Abb. 12).

Breites und gleichzeitig starkes Puzzleholz erhalten Sie auch, wenn Sie zwei breite Bretter, die 20 mm stark sind, Fläche auf Fläche aufeinanderleimen, wie in Abbildung 13 gezeigt. Hierdurch entsteht ein hervorragendes Ausgangsmaterial für die Puzzleherstellung. Verleimtes Holz zeigt nämlich weitaus weniger Tendenzen zum Verwerfen, Reißen oder Verziehen als ein massives Brett der gleichen Abmessungen.

Einige Versandfirmen, die neben Werkzeugen, Maschinen und Zubehör Hölzer in ihrem Angebot führen, liefern Hobbywerkern auch kleinere Holzmengen ins Haus. Meist bieten diese Bezugsquellen auch Weichholz der höchsten Qualitätsklassen sowie einige der teuren Exoten an. Pappel, Kiefer, Ahorn, Birke und Bergahorn sind alle eine gute Wahl. Wir bevorzugen

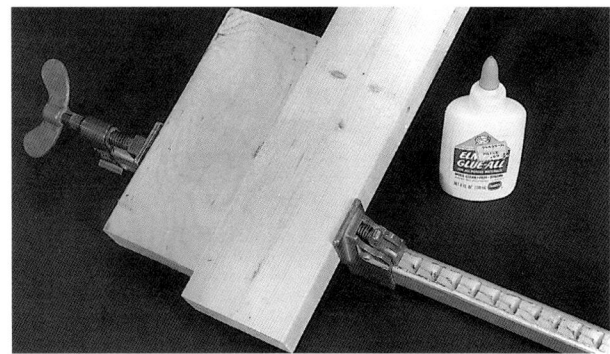

Abbildung 12 Sie können größere Holzflächen schaffen, indem Sie Hölzer mit den Maßen 50 × 100 mm Kante an Kante aneinanderleimen. Dadurch lassen sich Verwerfungen und die inneren Spannungen größerer einteiliger Massivhölzer vermeiden.

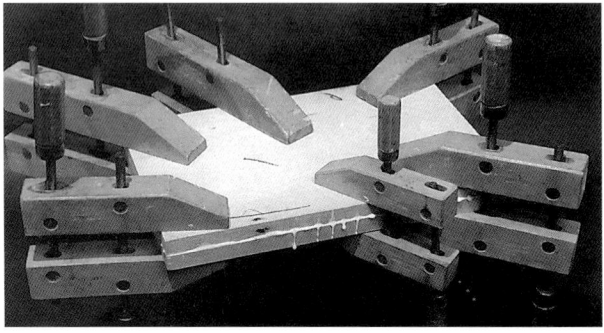

Abbildung 13 Großflächiges und dabei dickes Holz, das aus zwei oder mehr Lagen Fläche auf Fläche verleimten dünneren Brettern besteht, ist ein hervorragendes Ausgangsmaterial. Es splittert, bricht oder verzieht sich weniger leicht als ein Massivholz der gleichen Stärke.

Abbildung 14 Brettoberflächen können mit Bandschleifmaschinen versäubert oder mit einer kleinen Hobelmaschine geglättet werden. Hier wird die Oberfläche eines dünnen Brettes bearbeitet, das auf einer größeren Furnierplatte liegt. Beide Arbeitsstücke werden gleichzeitig durch die Maschine geführt.

speziell Ahorn, weil es ein mittelfestes Holz ist, das auch bei stärkeren Abmessungen sauber zu schneiden ist. Es ist weder zu hart noch zu weich. Es ist widerstandsfähig gegen Abnutzung als Kiefer und generell fester. Ahorn nimmt auch hervorragend Oberflächenbehandlung an; Tuschlinien lassen sich perfekt aufzeichnen, was bei kleinen Details – wie etwa den Augen eines Tieres – oft notwendig ist.
Etliche weichere Hölzer wie Weide, Kiefer und Nußbaum sind ungeeignet, wenn die Puzzles eine stärkere als die normale Beanspruchung aushalten müssen. Einige Kinder strapazieren ihr Spielzeug stärker als andere. Sollten Sie Puzzles für diese kleinen Rauhbeine machen, verwenden Sie auch möglichst keine Zeder, Redwood, Douglastanne und Weißtanne, denn diese Holzarten reißen und splittern leichter aus als andere.

Wenn Sie das Temperament und die Reife des Kindes kennen, ist es natürlich leichter, beim Holz die richtige Auswahl zu treffen. Wir haben für bestimmte einzeln gefertigte, funktionelle und dekorative Puzzles Kiefer, Zeder, Redwood und Nußbaum verwandt. Die Form der Teile ist wichtig, sie muß so gewählt werden, daß sich möglichst keine Bruchtendenzen zeigen (siehe Abb. 42). Sie müssen grundsätzlich das Holz für das Puzzle dem Entwurf und den Eigenheiten des künftigen Benutzers entsprechend auswählen. Puzzles für Kinder herzustellen, die Sie kennen, ist weit weniger problematisch, als Puzzles für den Verkauf zu fertigen. Wollen Sie letzteres, empfehlen wir eine mittlere bis gute Holzqualität. Der Einsatz exquisiter Materialien, wie festem Bergahorn oder exotischen Furnierplatten, treibt nur die Kosten hoch. Nebenbei bemerkt, für Bergahorn, Eiche, Hickory, Kirsche und ähnliche Harthölzer brauchen Sie eine besondere Säge und gute Sägeblätter, um vernünftig arbeiten zu können.

Wenn Sie das Holz mit deckenden Farben streichen, können Sie ruhig Holz mit Fehlern oder Ästen benutzen. Diese Defekte können zugespachtelt und durch die Farbe verdeckt werden. Sollten sie dagegen farblose Öle, Beizen, Lasuren und ähnliches benutzen, ist es angeizeigt, Qualitätsholz zu verwenden.

Jeder Hobbyhandwerker sollte eine kundige Person vor Ort haben, bei der er Rat und Hilfe bei der Auswahl des richtigen Materials einholen kann. Besonders hilfreich wäre es, wenn dies ein örtlicher Baumaterialien- oder Bastlerbedarfshändler ist. Er kann Ihnen Muster zeigen und – ausgehend von dem Material in seinem Verkaufslager und dessen Qualität – Vorschläge machen.

Ernsthafte Holzhandwerker sollten eine eigene Maschine zum Abrichten und Hobeln massiver Bretter haben oder Kontakt zu einem Betrieb haben, in dem sie diese Arbeitsschritte erledigen können (siehe Abb. 14).

Plattenwerkstoffe

Zu den Plattenwerkstoffen zählen im engeren Sinne Hartfaserplatten und Furnierplatten. Furnierplatten haben entweder Hart- oder Weichholzoberflächen und verschiedenartiges Material für den Kern oder die Innenlagen (siehe Abb. 15).

Hartfaserplatten (Holzfaserplatten) Hartfaserplatten sind heißgepreßte Platten aus Holzfasern (Abb. 16), sie sind im allgemeinen billiger als Furnierplatten. Da Hartfaserplatten keine Holzstruktur oder definierte Faserrichtung haben, besitzen sie auch keinerlei Äste, Risse, Fehlstellen oder andere Defekte, die sich in Furnierplatten befinden können. Hartfaserplatten sehen dafür uninteressant und langweilig aus.

Neben Standard-Hartfaserplatten gibt es auch veredelte Hartfaserplatten. Diese sind stärker, steifer,

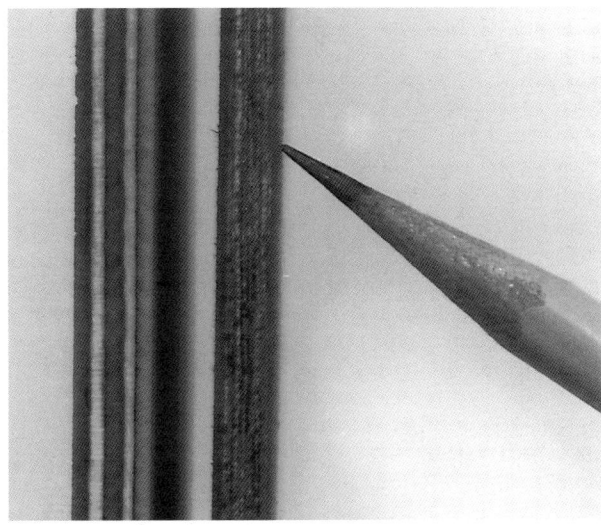

Abbildung 15 Fünflagige Furnierplatte aus skandinavischer Birke im Querschnitt. Dazu im Vergleich eine gewöhnliche dreilagige Furnierplatte.

Abbildung 16 Hartfaserplatte wird gern für Laubsägepuzzles und als Grundplatte für einfache Einlegepuzzles benutzt. Hartfaserplatten sind normalerweise in den Standardsortierungen oder als gehärtetes Material in 3 mm bzw. 6 mm Stärke erhältlich. Das gehärtete Material ist fester und teurer.

glatter und viel wasserfester als Standardware. Beide Typen sind in einer Stärke von 3 mm und 6 mm erhältlich. Hartfaserplatte kann als preiswerter Hintergrund für Laubsäge- und Einlegepuzzles (Einsetzpuzzles) benutzt werden. Die gehärtete Variante ist immer die bessere Wahl, wenngleich sie das Aussehen oder Gefühl von echtem Holz nicht ersetzen kann. Die Standardvariante wäre als Grundplatte nur für preiswerte, qualitativ anspruchslose Einlegepuzzles akzeptabel. Hartfaserplatte läßt sich schlecht oberflächenbehandeln. Sie nimmt Beize oder Farbe nicht gut an; das Auftragen einer zufriedenstellenden, brillanten und deckenden Lackierung erfordert viel Vorarbeit.

Furnierplatten (Furniersperrholz) Bestimmte Sorten von Furnierplatten aus Weichholz sind für einige Puzzlearten grundsätzlich nicht geeignet. Sie bekommen Kiefer-Furnierplatten zwar überall, diese neigen jedoch zum Splittern (Abb. 17 und 18), und sie tragen zu einem gesteigerten Verbrauch von Sägeblättern bei. Dünne Furnierplatten aus Kiefernholz (6 mm) können allerdings als Grundplatte für Einlegepuzzles verwendet werden, wenn Sie die notwendigen Vorsichtsmaßnahmen getroffen haben. So müssen alle scharfen Kanten sorgfältig abgerundet und geschliffen werden, das Holz muß außerdem mit Einlaßgrund behandelt und mit mindestens zwei Lackschichten versiegelt werden.

Unserer Meinung nach sehen Kiefer-Furnierplatten nur dann gut aus, wenn sie ganz zum Schluß mit deckenden Farben lackiert werden. Dann ist die natürliche Farbe und grobe Maserung vollständig verdeckt. Sollten sie vor Ort erhältlich sein, sind Schichtstoffplatten, eine Art von Furnierplatten aus Weichholz, empfehlenswert: Sie bestehen aus Kiefer und sind beidseitig mit Kraftpapier beschichtet, das mit Melaminharz imprägniert wurde (siehe Abb. 19). Einige Furnierplattenarten sind mit Kunstharz verleimt, das Sägeblätter schnell stumpf macht (siehe Abb. 20).

Furnierplatten mit Oberflächen aus Meranti, auch Lauan genannt (Abb. 20 und 21), sind ein guter Vielzweckwerkstoff, aber sie sind porös und saugstark, so daß Lack und Farbe nur so weggeschluckt werden. Doch normalerweise sind sie sehr preiswert und gut als Grund für Einlegepuzzles geeignet.

Harte, 6 mm starke Furnierplatten (Abb. 21) eignen sich ausgezeichnet für die Einlagen oder Formteile von Einlegepuzzles. Die beliebtesten Arten von Furnierplatten aus Hartholz sind bei uns in den Vereinigten Staaten amerikanische Birke oder die skandinavische Birke (siehe Abb. 21). Skandinavische Birke ist viel fester als die amerikanische Birke. Sie wird auch mit einer größeren Zahl von Furnierlagen verleimt als konventionelle Furnierplatten, wie Sie Abb. 15, 21 und 23 entnehmen können.

In Deutschland wird das Furniersperrholz je nach Beschaffenheit der Deckfurniere in die Güteklassen 1, 2 oder 3 eingeteilt, wobei Güteklasse 1 die beste Qualität bietet. Bei Einlegepuzzles braucht nur eines der verwandten Hölzer von besserer Qualität zu sein.

Sprechen Sie mit Ihrem Baumaterialhändler über Furnierplatten aus Hartholz. Oft können auch die Zuschnittabteilungen der Baumärkte eine gute Quelle für kleine Abschnitte von Hartholz-Furnierplatten sein. Manchmal können Sie dort hervorragendes Material in passender Größe zu sehr günstigen Preisen finden (siehe Abb. 24). Vielleicht finden Sie auch in den Gelben Seiten Ihres Telefonbuchs durch Zufall eine ganz andere Quelle.

Abbildung 17 Dieses Foto zeigt deutlich, wie leicht Fichtenholz-Furnierplatte splittert. Sie sollten dieses Material deshalb meiden. Gar nicht empfehlenswert ist es für Puzzles, die stärkerer Beanspruchung ausgesetzt sein werden. Sollten Sie es trotzdem verwenden, runden Sie alle Kanten gewissenhaft ab und versiegeln sie gründlich.

Abbildung 18
Wie Sie hier an dieser 6 mm starken Puzzle-Grundplatte sehen, splittert Fichten-Furnierplatte sehr leicht aus, und das kann gefährlich werden. Mindere Qualitäten von Birke-Furnierplatte splittern genauso leicht aus. Runden Sie daher alle Ecken und Kanten sorgfältig ab und versiegeln Sie die Oberfläche gründlich, um das Splittern zu verhindern.

Abbildung 19
Einige dicke Furnierplatten, von oben nach unten: Siebenlagige, 10 mm starke skandinavische Birke, dreizehnlagige, 20 mm starke skandinavische Birke, siebenlagige Furnierplatte aus amerikanischer Birke, neunlagige, 20 mm starke Lauan-Furnierplatte für draußen (Bootsbausperrholz), fünflagige, 20 mm starke Fichten-Furnierplatte mit kunstharzgetränkter Kraftpapierbeschichtung und gewöhnliche fünflagige, 20 mm starke Fichten-Furnierplatte.

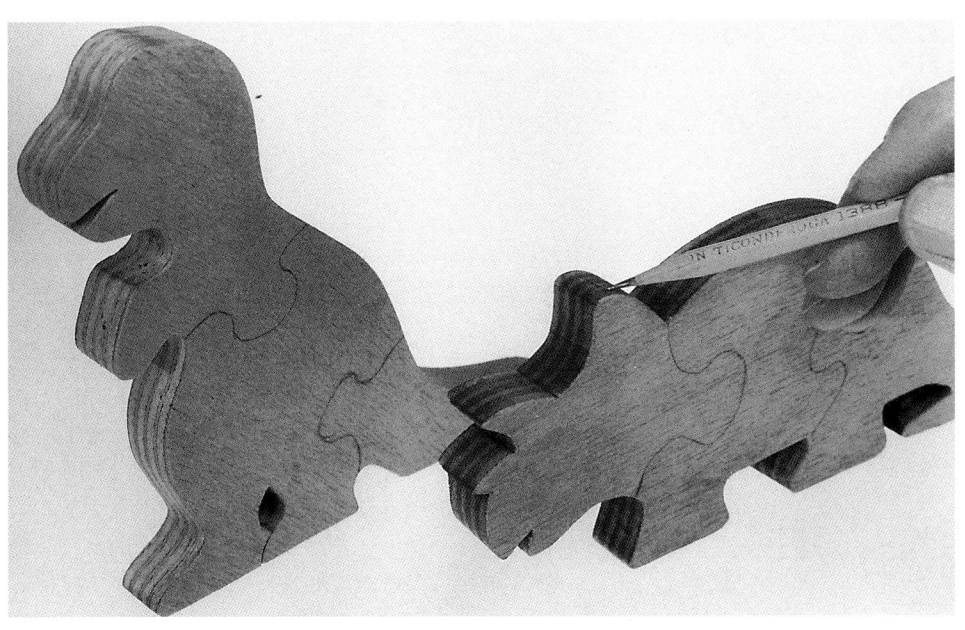

Abbildung 20
Die Leimschichten der wasserfesten Meranti-(Lauan)-Furnierplatte besitzen schmirgelnde Wirkung. Daher stumpft ein neues Sägeblatt schnell ab, wie die Brandstellen bei den Sägeschnitten schon am zweiten Puzzletier beweisen.

Abbildung 21
Hier einige der weniger teuren Furnierplatten. Vergleichen Sie links den Querschnitt der 6 mm starken dreilagigen Furnierplatte mit dem fünflagigen Querschnitt der skandinavischen Birke. Die Tafeln zeigen von links nach rechts: 6 mm starkes Lauan, 6 mm starke Fichte, 6 mm starke skandinavische Birke, 6 mm starke amerikanische Birke und 4 mm starke skandinavische Birke.

Abbildung 22
Bei einigen Puzzles ist eine 20 mm starke Furnierplatte aus Birke eine gute Wahl. Beachten Sie, wie sauber und ebenmäßig die gesägten und noch nicht geschliffenen Oberflächen sind.

Abbildung 23
Das Profil dieses Puzzleentwurfs verlangt sehr kräftiges Material, zum Beispiel skandinavische Birke. Der Schwanz, die Hörner und Ohren wären sehr zerbrechlich, würde man sie aus Massivholz sägen.

Abbildung 24 6 mm starke, dreilagige Furnierplatten aus Hartholz, von links nach rechts: Nußbaum, Birke, Kirsche, Eiche und Teak.

3
So entwerfen Sie individuelle Holzpuzzles

Früher oder später werden Ihnen vielleicht ganz neue Ideen kommen, die Veränderungen im Entwurf Ihres eigenen Puzzles oder unserer Vorlagen betreffen. In diesem Buch sind viele gebrauchsfertige Mustervorlagen abgebildet, die wir persönlich für sehr gute Entwürfe halten. Sie können natürlich jederzeit individuell angepaßt oder abgeändert werden, um sie auf die Bedürfnisse eines ganz bestimmten Menschen persönlich zuzuschneiden.

Wollen Sie beispielsweise den Schwierigkeitsgrad des Puzzles ändern, können Sie den Originalentwurf abwandeln. Erhöhen oder verringern Sie die Anzahl der Puzzleteile, beziehungsweise verändern Sie ihre Formen und Größen, ändert sich in jedem Fall der Schwierigkeitsgrad. In diesem Zusammenhang ein Hinweis: Sie können alle Vorlagen in diesem Buch mit Hilfe eines Fotokopiergerätes auf jedes gewünschte Maß bringen.

Puzzles für die Altersklasse 12 Jahre und darüber gelten mit Teilen von 20 × 25 mm Größe als durchschnittlich schwierig. Kinderpuzzles für 4- bis 11jährige gelten als durchschnittlich schwierig bei einer Puzzle-

Abbildung 25 Sollten Sie eine Vorlage benötigen, vergrößern oder verkleinern Sie diese hier auf einem Fotokopiergerät, um anschließend Puzzleteile der gewünschten Größe anfertigen zu können.

Abbildung 26
Hier ein anderer Entwurf für verzahnte Puzzleteile.

teilgröße von 30 × 40 mm; größere Teile bis zu 75 mm im Quadrat eignen sich für 3- bis 7jährige (siehe Abb. 25 und 26).

Sie können das Puzzle auch durch andere Techniken schwieriger oder leichter gestalten. Bei Einlegepuzzles können sie zum Beispiel doppelseitige Puzzleteile herstellen – eine sehr einfache Möglichkeit, um den Schwierigkeitsgrad zu erhöhen. Sie erreichen dies, indem Sie sowohl die Ober- als auch die Unterseite aller Teile bemalen. Darum ist es bei Einlegepuzzles für kleinere Kinder am besten, nur die Oberseite zu bemalen und die Unterseite unbemalt zu lassen. Standpuzzles müssen aus klar ersichtlichen, ästhetischen Gründen auf allen Seiten mit einer Abschlußlasur versehen werden. Um den Schwierigkeitsgrad zu erhöhen oder zu verringern, können die Teile eines stehenden Puzzles zu größeren zusammengefaßt oder in kleinere aufgeteilt werden.

Ein Puzzle für Erwachsene kann durchaus sehr anspruchsvoll gestaltet werden. Versuchen Sie es einmal, das Puzzle in viele kleine Teile zu sägen und diese Teile als doppelseitige Stücke – durch je ein Bild sowohl auf der Ober- als auch auf der Unterseite – zu gestalten. Wollen Sie das Puzzle zu einer extremen Herausforderung machen, die den Puzzlefanatiker hart an den Rand des Wahnsinns führt, bringen Sie auf beiden Seiten (Oberflächen) des Puzzles das gleiche Motiv.

Achten Sie darauf, daß Sie nicht versehentlich Schwierigkeiten in ein Kinderpuzzle einbauen, die das Kind verzweifeln lassen. Das in Abbildung 27 gezeigte Puzzle stellt ein gutes Beispiel dar. Ist der Rahmen um die Puzzleteile nicht exakt ausgesägt, lassen sich die Teile im Rahmen nur so wieder zusammensetzen, wie sie ausgesägt wurden. Versucht das Kind, das Puzzle bei um 180° gedrehtem Rahmen zusammenzusetzen,

klappt es nicht, und es verliert die Lust. Abbildung 28 zeigt einen sehr ähnlichen, verbesserten Entwurf ohne ausgesägten Rahmen um die Puzzleteile. In Abbildung 29 ist der gleiche Entwurf zu einem höheren Schwierigkeitsgrad geführt. Dieses Puzzle zeigt, wie Sie in einen Hintergrund mit Rahmen zusätzliche Teile einfügen können. Aber bei diesem Rahmen ist es weniger enttäuschend, die Teile zusammenzusetzen, als bei dem Rahmen in Abbildung 27.

Wenn Sie Puzzles entwerfen oder verändern, versuchen Sie stets, die Form ohne scharfe Ecken herzustellen. Scharfe Ecken an Puzzles sind gerade für Kleinkinder eine Gefahr: spitze Ecken können sehr leicht abbrechen und sehr schmale Partien kurzfaserigen

Abbildung 27 Vom Entwurf her ist dies ein einfaches Kinderpuzzle für normalen Spielgebrauch. Trotzdem bereitet das Zusammenlegen der Teile in diesem gesägten Rahmen vermutlich Schwierigkeiten. Wird der Rahmen nicht mit exakt gleichen Kanten und absolut parallelen Linien gesägt, läßt sich das Puzzle eben nur so zusammensetzen, wie es ursprünglich ausgesägt wurde. Vergleichen Sie diesen Entwurf mit den verbesserten Versionen Abbildung 28 und 29.

Abbildung 28
Dieser verbesserte Entwurf für die gleiche Altersgruppe verzichtet ganz auf den umgebenden Rahmen und besitzt zwei Teile weniger.

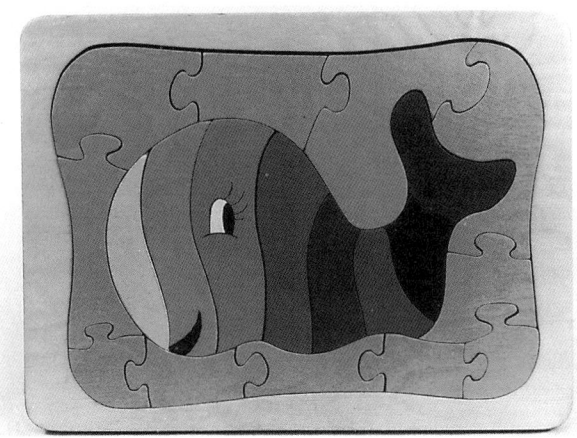

Abbildung 29 Dieses Puzzle ist nach dem gleichen Prinzip entworfen, jedoch für ein weiter fortgeschrittenes Alter bestimmt. Der Hintergrund besteht aus wesentlich mehr Einzelteilen, und der Rahmen ist – im Gegensatz zu dem in Abbildung 27 gezeigten Rahmen – freihändig ausgesägt.

Holzes durchbrechen. Abbildung 30 zeigt zwei verschiedene Möglichkeiten des Entwurfs von Puzzleteilen. Der eine Entwurf ist gut, denn er hat nur gerundete Ecken; der andere ist weitaus weniger empfehlenswert, weil er scharfe, empfindliche Ecken hat.

Weist Ihr Entwurf empfindliche Teile auf, verwenden Sie am besten Furnierplatten aus skandinavischer Birke, sie sind meistens in allen Richtungen gleichmäßig fest. Sie sollten jedoch daran denken, daß dicke oder mehrfach verleimte Lagen einiger Furnierplatten nur mühsam exakt auszusägen sind. Nebenbei bemerkt, haben Standpuzzles, die aus dickem Holz gesägt sind, ein besseres und stabileres Aussehen als ein gleiches Puzzle, das aus dünnerem Holz angefertigt ist (siehe Abb. 31).

Ein gutes Puzzle läßt sich mit einfachen Mitteln persönlicher und individueller gestalten. Sie können etwa einen Namen aufmalen, bestimmte Puzzleteile in eigenen Formen aussägen oder das Puzzle in der jeweiligen Lieblingsfarbe bemalen. Manche Techniken, mit denen sich Puzzles individueller gestalten lassen, erfordern ein wenig künstlerisches Talent. Doch die Hilfsmittel, die wir im folgenden ansprechen, können Ihnen schon recht gut helfen.

Schablonen (Abb. 32) sind in Bastelläden erhältlich und eine große Hilfe beim Aufbringen von Buchstaben und Zahlen für anschließende Brandmalerei oder das Bemalen mit der Hand. Einfache Rubbel- oder Abziehbuchstaben sind ebenso in den meisten Bastelläden zu finden. Achten Sie jedoch darauf, daß Sie die Oberflächen zuerst grundieren und die aufgeriebenen Buchstaben mit genügend Lackschichten als Schutz abdecken (siehe Abb. 33 und 34).

Denken Sie auch einmal an die Möglichkeit, Abziehbilder zu verwenden. Sie sind selbstklebend und – einmal auf das Holz aufgebracht – wasserfest. Sie sind, nachdem man sie kurz in Wasser gelegt hat, leicht aufzubringen, allerdings muß die rauhe Holzoberfläche zuvor gut grundiert und geglättet werden. Es gibt alle nur denkbaren Designs als Abziehbilder – Alphabete, Zahlen, Vögel, Teddybären und die beliebtesten Zootiere, um nur ein paar zu nennen.

Sie können allein mit Abziehbildern viele verschiedene Puzzles gestalten. Ein entscheidender Vorteil bei der Verwendung von Abziehbildern ist, daß Sie kein Teil von Hand bemalen müssen. Echte Abziehbilder, die Sie mit Hilfe von ein wenig Wasser auf das Holz übertragen, sind auf Klarsichtfolie gedruckt. Abziehbilder verleihen der Oberfläche ein handbemaltes Aussehen, ohne daß Ränder zu sehen sind. Wir empfehlen, die aufgebrachten Abziehbilder mit Klarlack zu überzie-

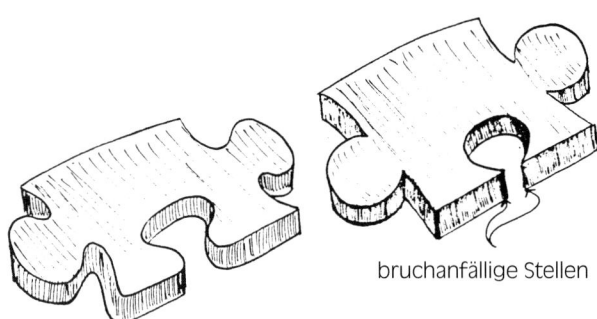

Abbildung 30 Der linke Entwurf mit sauber gerundeten Kanten ist für Puzzles aus Massivholz besser geeignet. Der rechte Entwurf besitzt nur dann einen Gebrauchswert, wenn er aus einer Furnierplatte gesägt wurde. Die spitzen Kanten bleiben trotzdem bruchanfällig.

Abbildung 31
Das Standpuzzle links ist 20 mm, das rechts 30 mm stark. Je stärker das Material, desto besser aussehend und stabiler werden die Standpuzzles.

Abbildung 32
Beim Aufbringen von Namen und Zahlen sind Schablonen hilfreich.

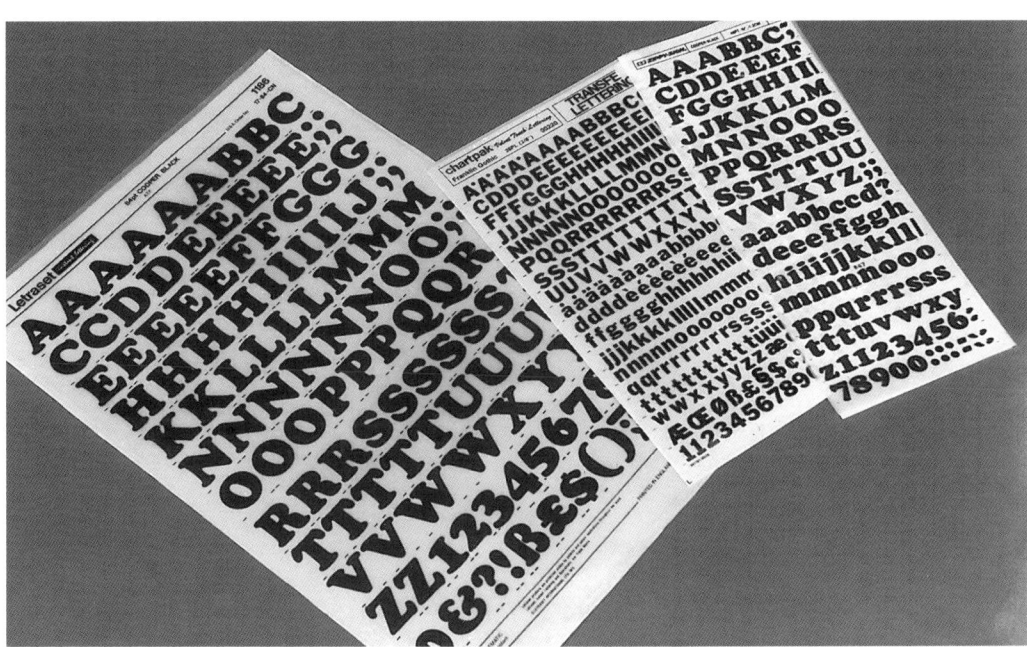

Abbildung 33
Buchstaben zum Abreiben sind in großer Stil- und Schriftauswahl erhältlich. Sie lassen sich durch vorsichtiges Rubbeln vom Papierträger ablösen.

Abbildung 34
Der gewünschte Buchstabe wird an entsprechender Stelle aufgelegt und durch Abreiben vom Blatt auf die Holzoberfläche übertragen.

Abbildung 35
Abziehbilder gibt es in reicher Auswahl von Größen und Motiven, die Kindern gefallen. Da nach dem Aufbringen kein Umriß mehr zu sehen ist, entsteht der Eindruck, sie seien tatsächlich direkt auf das Holz gemalt.

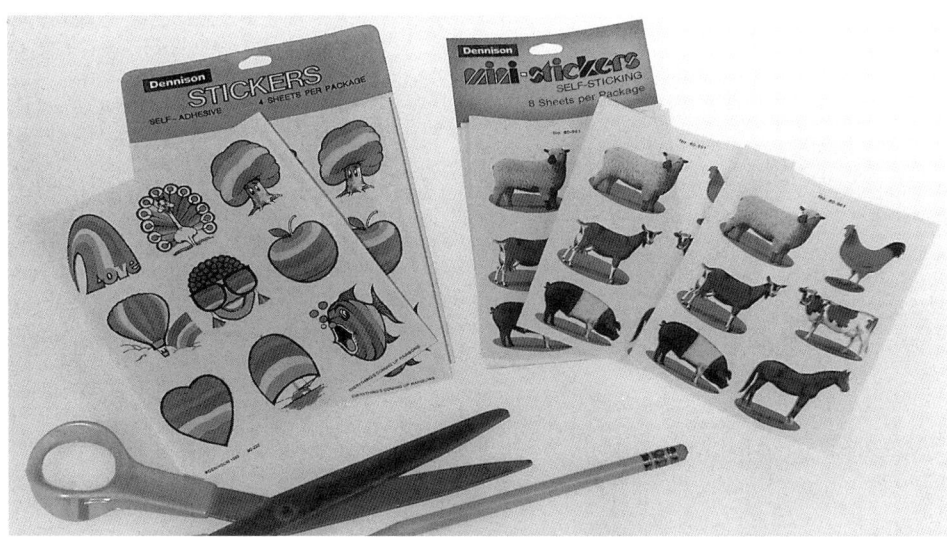

Abbildung 36
Sie können für Ihre Puzzles auch selbstklebende Aufkleber („Sticker") verwenden.

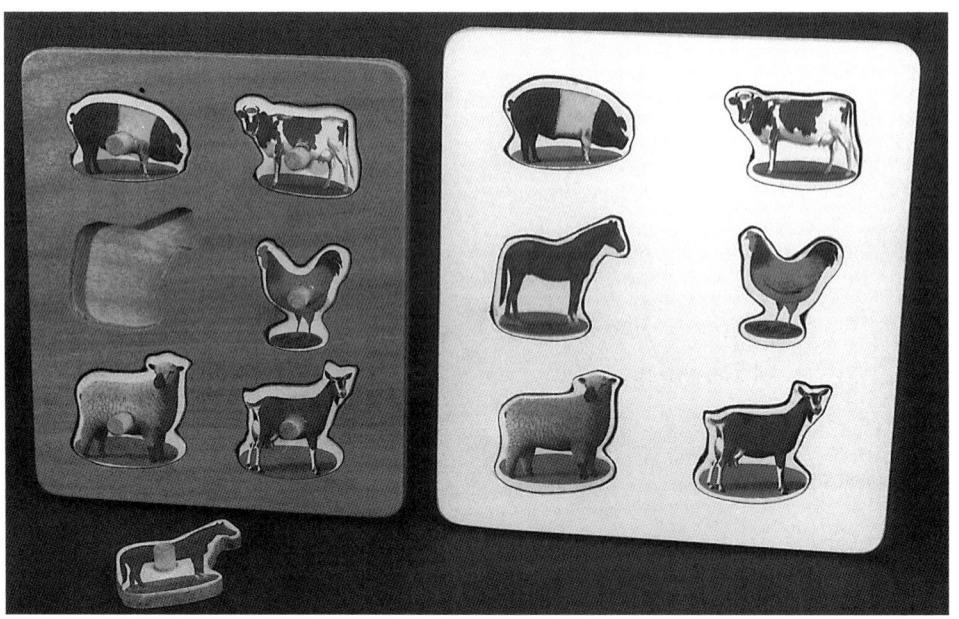

Abbildung 37
Hier einige Puzzles, die mit Hilfe von Aufklebern gestaltet wurden. Das Puzzle links hat Knöpfe auf den Teilen, die es Kinderhänden leichter machen. Das Puzzle auf der rechten Seite ist passend zur Hintergrundfarbe der Aufkleber bemalt.

hen. Es ist am besten, den Lack erst zu erproben, um sicherzugehen, daß dessen Lösungsmittel das Abziehbild nicht ab- oder auflöst. Für weitere Informationen zu Abziehbildpuzzles verweisen wir auf die Abbildungen 76 bis 81.

Sie können einem Puzzle auch durch selbstklebende Aufkleber Spezialeffekte hinzufügen. Genau wie die Abziehbilder werden auch die Aufkleber direkt auf eine vorbereitete Holzoberfläche aufgebracht. Man kann mit Ihnen ganze Puzzles gestalten (siehe Abb. 36 und 37). Ein möglicher Nachteil der Aufkleber ist ihr farbiger Hintergrund, der sich auf dem Holz deutlich abhebt (siehe Abb. 37). Sollte es Sie sehr stören, können Sie dies korrigieren, indem Sie den Puzzlehintergrund in der passenden Farbe bemalen.

Sie haben jetzt einiges darüber erfahren, wie Sie Puzzles abwandeln können, indem Sie den Schwierigkeitsgrad ändern oder sie persönlicher gestalten. Nun wollen wir Ihnen einige Vorschläge für Puzzles unterbreiten, die ganz und gar neu und eigen sind. Grundsätzlich gehen Sie in zwei Schritten vor, die ziemlich einfach sind, wenn Sie ein wenig Phantasie mitbringen.

Ehe sie sich aber an den Entwurf eigener Puzzles heranwagen, sollten Sie zuvor alle Möglichkeiten, die Ihnen die im Buch gezeigten Vorschläge bieten, ausgeschöpft haben. Nahezu alle Standpuzzles lassen sich in Einlegepuzzles umwandeln und umgekehrt.

Der erste Schritt auf dem Weg zu Ihrem eigenen Puzzle ist die Entscheidung, welche Form es nun haben soll. Es kann ein Fisch, ein bestimmtes Tier, ein Vogel oder ein Flugzeug sein – was immer Sie wollen. Denken Sie doch einmal daran, verschiedene Quellen für Ihren Entwurf zu Rate zu ziehen. Kinderbücher, Nachschlagewerke oder auch Vorlagenbücher zu anderen Techniken enthalten viele gute Abbildungen und geben Ihnen einige Grundmuster vor. Denken Sie daran, daß die Maße der hier im Buch gezeigten Vorlagen nicht festgelegt sind. Sie können die Vorlagen zu allen Puzzles mit einem Kopiergerät auf jedes von Ihnen gewünschte Maß bringen. Vergrößern oder verkleinern Sie solange, bis Sie eine Vorlage erhalten, die in etwa die gewünschte Größe besitzt.

Abbildung 38 Einige Puzzlevariationen, die von einem einfachen Herzentwurf abgeleitet sind.

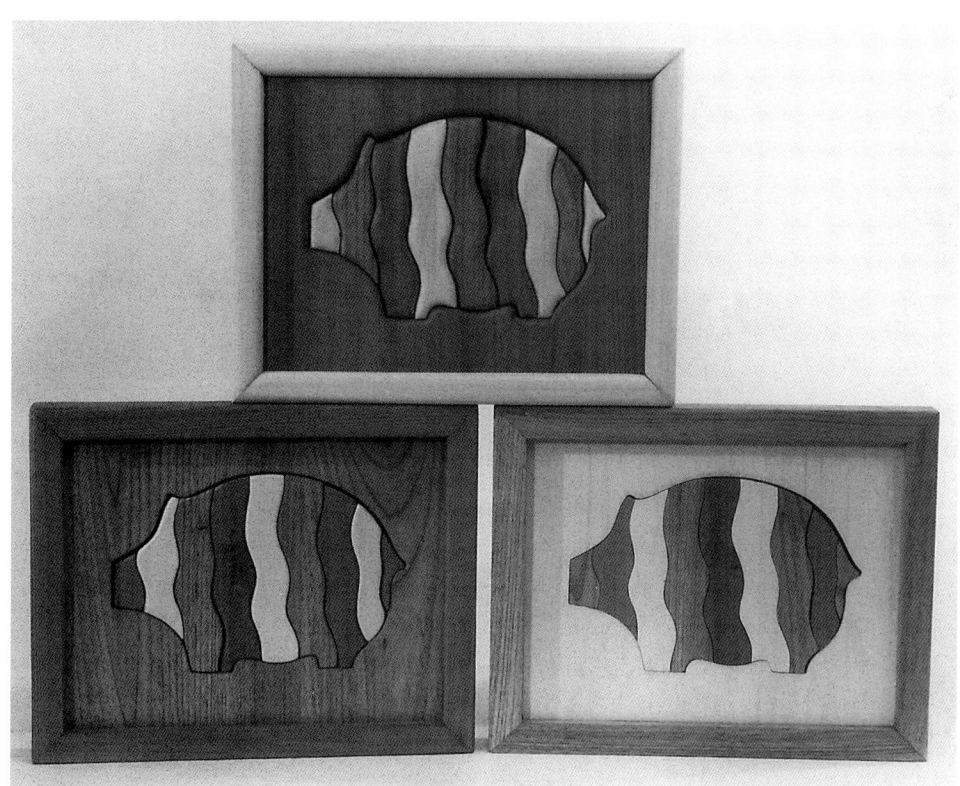

Abbildung 39
Das Foto zeigt drei Puzzles nach einem gemeinsamen Entwurf. Bei allen wurden unterschiedliche Hölzer miteinander kombiniert. Das obere Puzzle ist am einfachsten zusammenzusetzen, denn die sichtbare Oberseite der Teile hat gerundete Kanten. Die Teile der unteren Puzzles sind dagegen auf der Ober- und Unterseite gleich. Dadurch sind sie schwieriger zusammenzusetzen.

Abbildung 40 Kleine dekorative Details wie zum Beispiel von Hand aufgemalte Augen oder die Sägeschnitte, die beim Krokodil Maul und Unterkiefer hervorheben, machen diese Puzzles viel interessanter.

Sollte diese Vorlage zu detailliert sein, werden sie vermutich stilisieren und etwas vereinfachen müssen. Der Entwurf für einen Fisch kann beispielsweise zerbrechliche oder spitze Flossen aufweisen, die Sie umzeichnen müssen. Haben Sie einmal den Profilumriß, zerlegen Sie ihn einfach in Einzelteile, die in Größe, Form und Anzahl dem gewünschten Schwierigkeitsgrad entsprechen. Sie können das Puzzle entweder mit ineinander verzahnten Teilen gestalten oder durch unregelmäßige bzw. gerade Linien aufteilen.

Am besten entwerfen Sie Teile, die keine spitz zulaufenden Enden mit schwachen, kurzen Fasern haben, denn diese sind nicht nur weniger zerbrechlich, sondern auch sehr viel sicherer für Kinder. In der Regel gilt: Je jünger das Kind ist, desto runder sollten die Ecken sein und desto besser sollten die Teile zusammenpassen. Wenn Sie stärkere Sägeblätter benutzen, werden die Einzelteile später besser zusammenpassen, doch das Endergebnis wird auch weniger genau aussehen. Schließen Sie Kompromisse, wo es Ihnen nötig erscheint.

Aus einer einfachen Form lassen sich mehrere verschiedene Puzzles ableiten. Abbildung 38 zeigt mehrere Beispiele, die auf einem einfachen herzförmigen Entwurf basieren.

In Abbildung 39 sehen Sie, wie man mehrere verschiedene Teile farbigen Massivholzes beim gleichen Entwurf einsetzen kann. Für weitere Informationen über die einzelnen Schritte, die für das Herstellen dieser Puzzles nötig sind, verweisen wir auf die Abbildungen 239 bis 256.

Abbildung 40 zeigt, wie effektvoll kleine künstlerische Details wirken können. Ohne die hübschen Augen, die sie so freundlich erscheinen lassen, würden diese Puzzles auf Kinder weitaus weniger interessant und anziehend wirken.

4
Das Handwerkszeug: Maschinen, Techniken und Tips

Dieses Kapitel besteht im wesentlichen aus einer Folge von kommentierten Abbildungen, die Ihnen helfen sollen, Ihre Puzzles möglichst wirtschaftlich herzustellen. Es gibt unterschiedliche Typen von Feinschnittsägen, verschiedene Marken, Größen und Bauarten. Auch preiswerte Sägen aller Art können zur Herstellung eindrucksvoller Puzzles verwendet werden. In Deutschland – und wahrscheinlich auch weltweit – sind am weitesten die Feinschnittsägen der Firma Hegner aus dem Hochschwarzwald verbreitet. Die in Abbildung 46 gezeigte Feinschnittsäge Multicut 2 ist eines der Modelle der Firma Hegner. Die extrem präzise arbeitenden Maschinen von Hegner sind ohne Zweifel verantwortlich für die Renaissance der Laubsägearbeiten der letzten Jahre.

Wenn Sie eine Feinschnittsäge zur Anfertigung von Puzzles aussuchen, müssen Sie darauf achten, bis zu welcher Dicke die Säge schneiden kann und wieweit man mit ihr Einstiche in Aussparungen vornehmen kann. Haben Sie vor, stehende Puzzles aus dickem Hartholz zu machen, brauchen Sie eine gute Säge.

Einlege- oder Einsetzpuzzles werden normalerweise aus 6 mm starker Furnierplatte gemacht, das von den meisten Feinschnittsägen, gleichgültig welcher Marke oder Preisklasse, leicht geschnitten werden kann.

Die Methoden der Bemalung und der Oberflächenbehandlung behandeln wir in Kapitel 9.

Abbildung 41 Dieses Foto veranschaulicht, wie die Schnittlinien mit Kohlepapier auf das Holz übertragen werden. Bei naturbelassenen Hölzern empfehlen wir allerdings Graphitpapier. Übriggebliebene Linien lassen sich nach dem Sägen leicht entfernen. Dagegen bleiben bei der Verwendung von Kohlepapier Linien sichtbar, die beim Aufbringen von Lasuren auslaufen. Es gibt weißes Graphitpapier, das sich für dunklere Hölzer wie Nußbaum oder Kirsche besonders eignet. Sie können Graphitpapier in Geschäften für Künstlerbedarf und in Bastelläden kaufen.

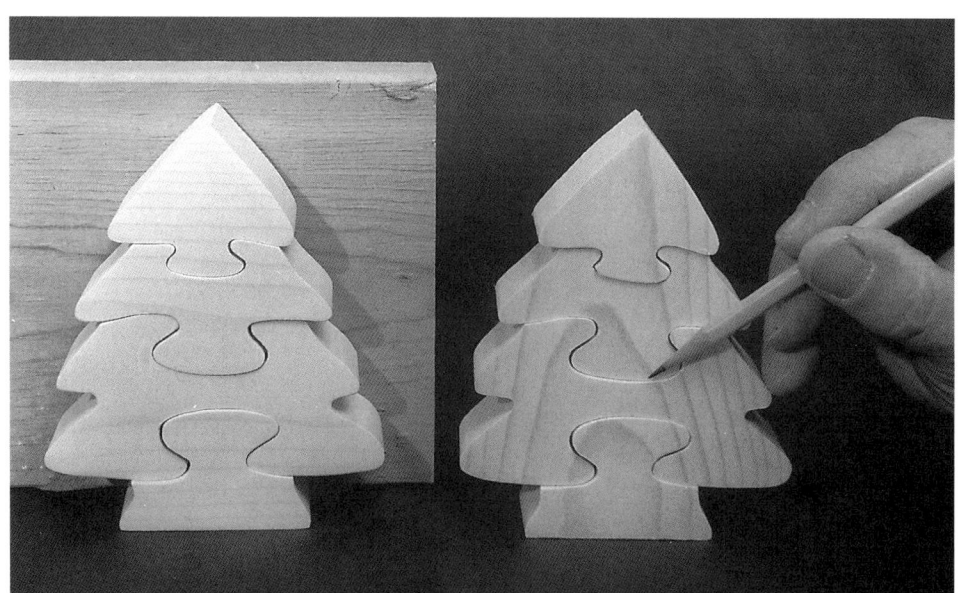

Abbildung 42
Nach Möglichkeit lassen Sie die Maserung des Holzes so verlaufen, daß sie parallel zur längsten Ausdehnungsachse des Einzelteiles verläuft (siehe das linke Puzzle). Das ist besser, als die Maserung parallel zur längsten Ausdehnung der gesamten Figur laufen zu lassen (siehe das rechte Puzzle). Das Stück, auf das der Bleistift zeigt, ist schwächer als sein Gegenstück im linken Puzzle.

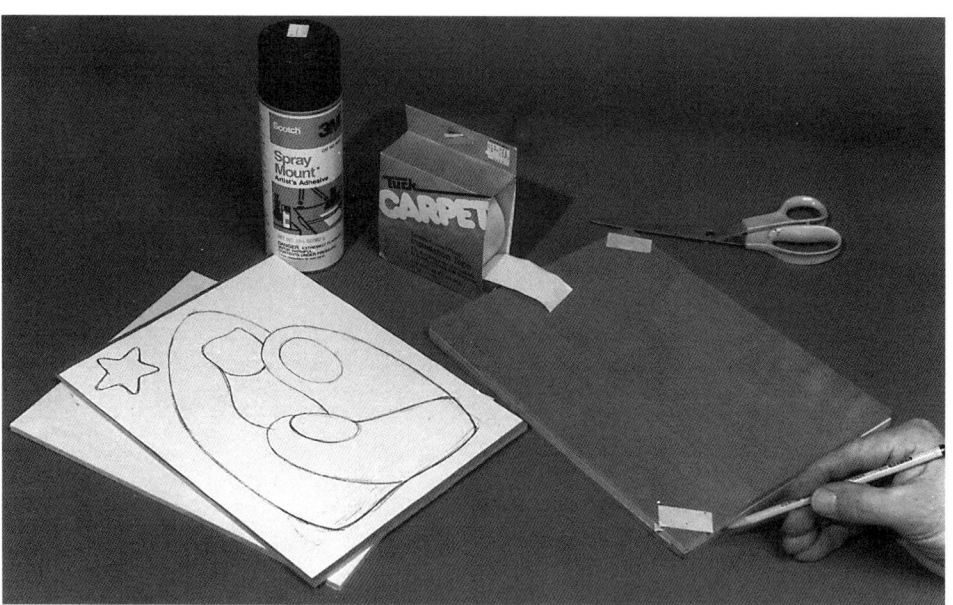

Abbildung 43
Links im Bild können Sie eine Pause oder Fotokopie einer Vorlage aus diesem Buch sehen, die mit Sprühkleber provisorisch auf dem Werkstück befestigt ist. Rechts sehen Sie, wie kleine Stücke doppelseitiges Klebeband auf die Kanten aufgebracht werden, um mehrere Lagen Holz für den Stapelschnitt zur Produktion identischer Puzzles zusammenzuhalten.

Abbildung 44 Zwei bei der Herstellung von Puzzles von uns benutzte Sprühkleber, die auch in Deutschland erhältlich sind: Mit 3M Foto Mount (links) können Sie Drucke, Landkarten, Fotos und andere Abbildungen dauerhaft auf Holz aufziehen, wenn sie daraus Laubsägepuzzles herstellen wollen. 3M Spray Mount (rechts) wird dagegen für provisorische Verbindungen eingesetzt, etwa um Vorlagen vor dem Sägen auf dem Werkstück zu befestigen.

Abbildung 45
Das Abziehen des Papiers von den ausgesägten Teilen ist einfach und läßt fast keine Rückstände auf der Oberfläche zurück. Leichtes Anschleifen mit Sandpapier der Körnung 150 bis 220 ist eine ausreichende Vorbereitung für die Oberflächenbehandlung.

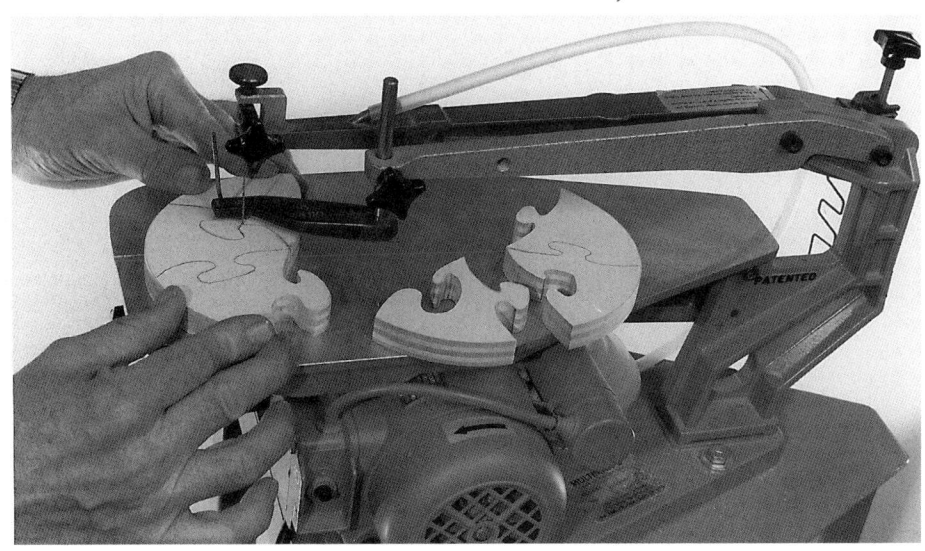

Abbildung 46
Das Sägen von 20 mm starker Hartholz-Furnierplatte mit der Feinschnittsäge Multicut 2 aus dem Programm der Firma Hegner, dem Unternehmen aus dem Schwarzwald. Sie ist die Feinschnittsäge der Wahl für anspruchsvolle Heimwerker.

Abbildung 47
So fängt man damit an, ein Einlegepuzzle auszusägen: Der Schnitt wird von der Außenseite nach innen geführt, dadurch ist es nicht mehr nötig, ein Loch für das Einfädeln des Sägeblatts zu bohren. Man spart so etwas Zeit, allerdings ist der Sägeschnitt nachher am fertigen Puzzle zu sehen.

Abbildung 48
Dieses Foto zeigt das fertig ausgesägte Stück. Beachten Sie die Spuren vom Klemmen des Sägeblattes sowie die vom überhitzten Blatt herrührenden Brandstellen. Sie sind an den Punkten entstanden, an denen scharfe Wendungen gesägt werden mußten.

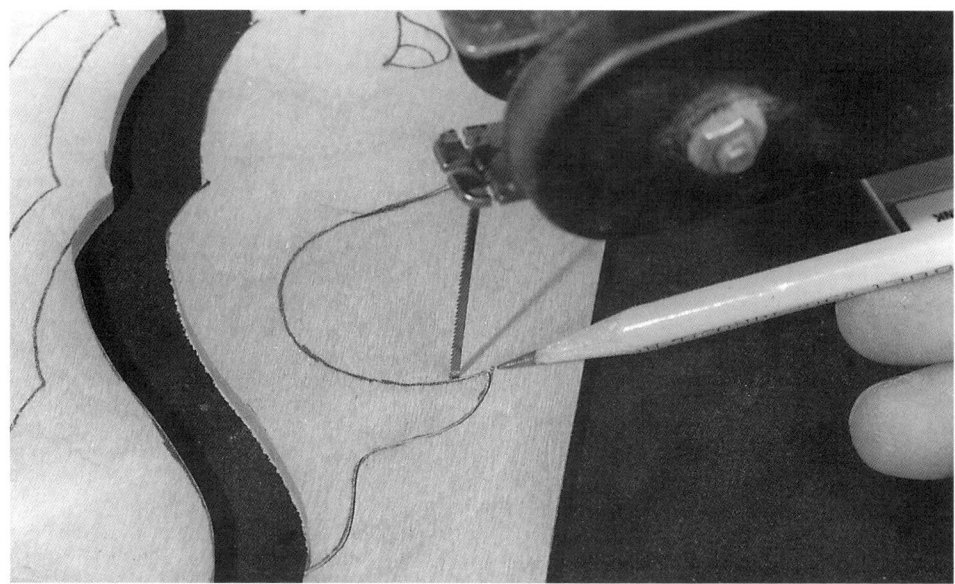

Abbildung 49
Runden Sie möglichst während des Sägens scharfe Konturen ab.

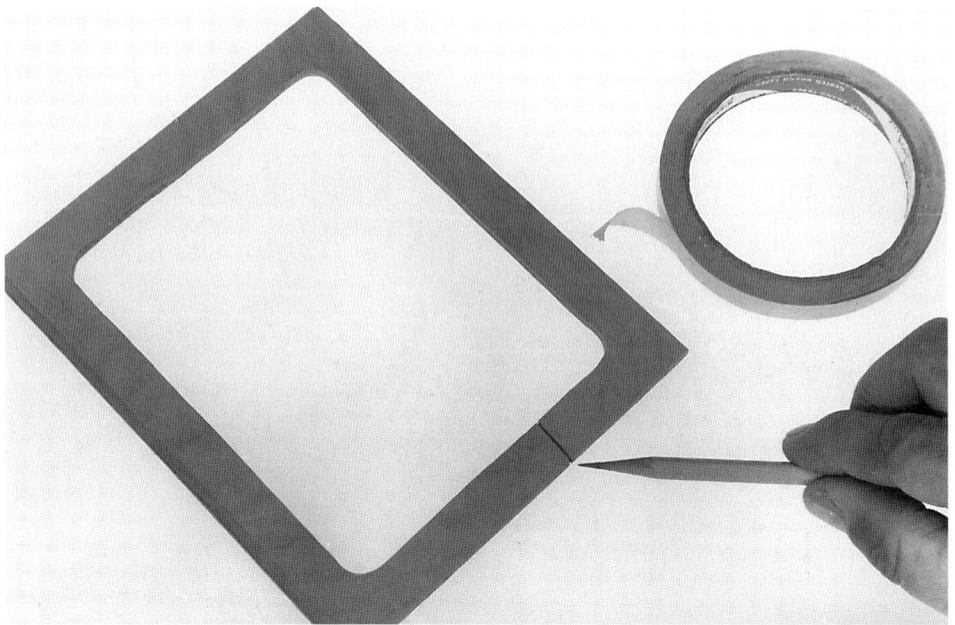

Abbildung 50
Hier sehen Sie den von außen durch den Puzzlerahmen geführten Einschnitt.

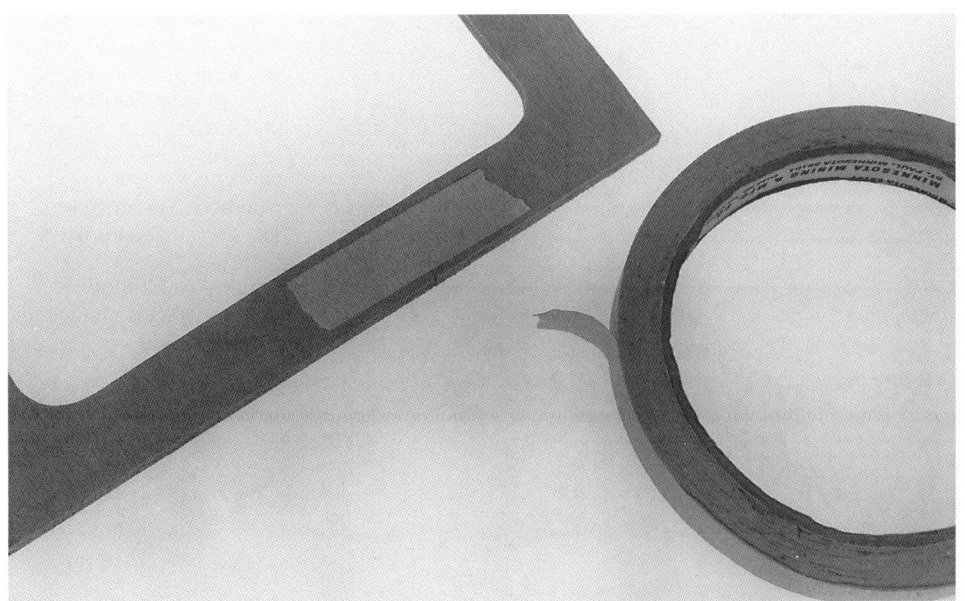

Abbildung 51
Ziehen Sie den Schnitt mit Klebeband dicht zusammen.

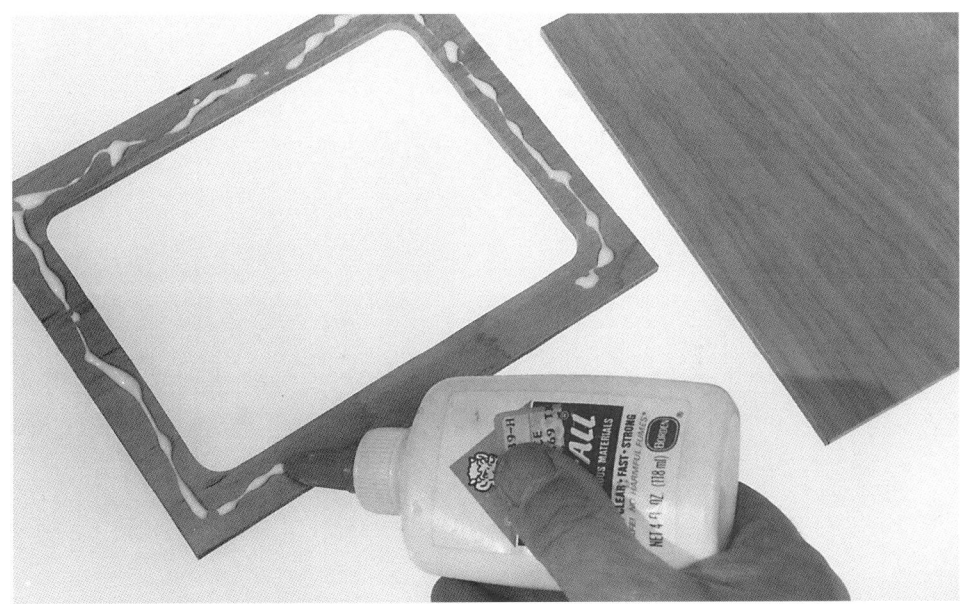

Abbildung 52
Hier sehen Sie, wie Leim auf die Rückseite der obersten Lage (dem Puzzlerahmen) aufgebracht wird.

Abbildung 53
Das Klebeband hält die Ober- und Unterteile zusammen und die Kanten bündig, solange die Teile für die Verleimung zusammengepreßt werden.

Abbildung 54
Schwere Gewichte, wie beispielsweise Zementblöcke, Mauersteine oder auch solch ein Stahlstück, üben beim Verleimen den nötigen Druck auf die dazwischengelegte, 20 mm starke Furnierplatte aus.

Abbildung 55
Bei einer guten Leimverbindung sollte, wie oben gezeigt, immer etwas Überschuß austreten. Geben Sie den Leim so an, daß mehr nach außen quillt als nach innen.

Abbildung 56
Überschüssigen Leim sollten Sie an der Innenkante entfernen, wenn er bereits angezogen hat, aber noch nicht völlig durchgetrocknet ist.

Abbildung 57
Hier ein Puzzle, das ohne Einfädelloch für das Sägeblatt zum Aussägen der innen liegenden Teile angefertigt wurde.

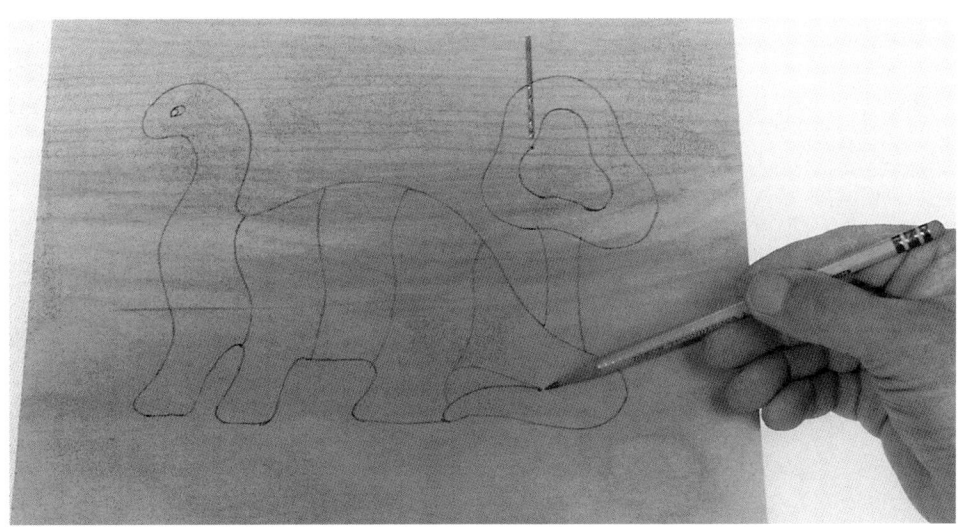

Abbildung 58
Für dieses Puzzle brauchen Sie zwei Löcher zum Einfädeln, um alle Schnitte ausführen zu können.

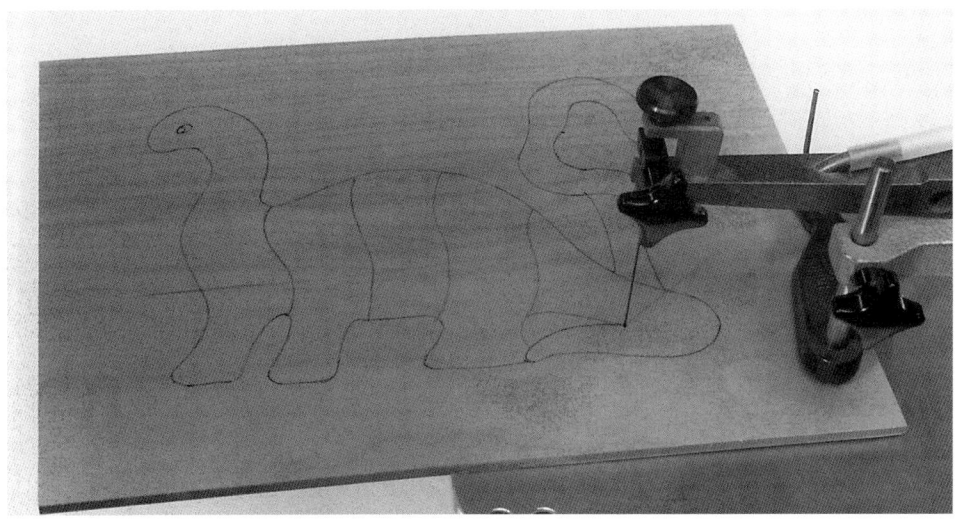

Abbildung 59
Bohren Sie die Einfädellöcher möglichst in spitze Ecken, so wie hier gezeigt.

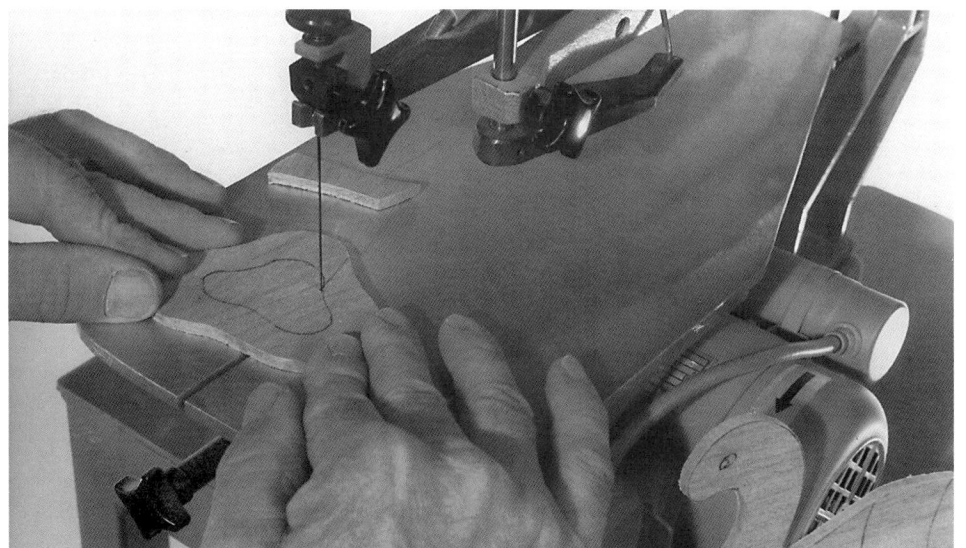

Abbildung 60
Hier ein Beispiel für einen Innenschnitt. Das Blatt wird durch ein sehr feines Bohrloch auf der Linie geführt. Sie müssen das Stück nach dem Sägen rund um das Bohrloch mit Feile und Sandpapier nachglätten.

Abbildung 61
Die Kanten werden nur mit der Säge gerundet.

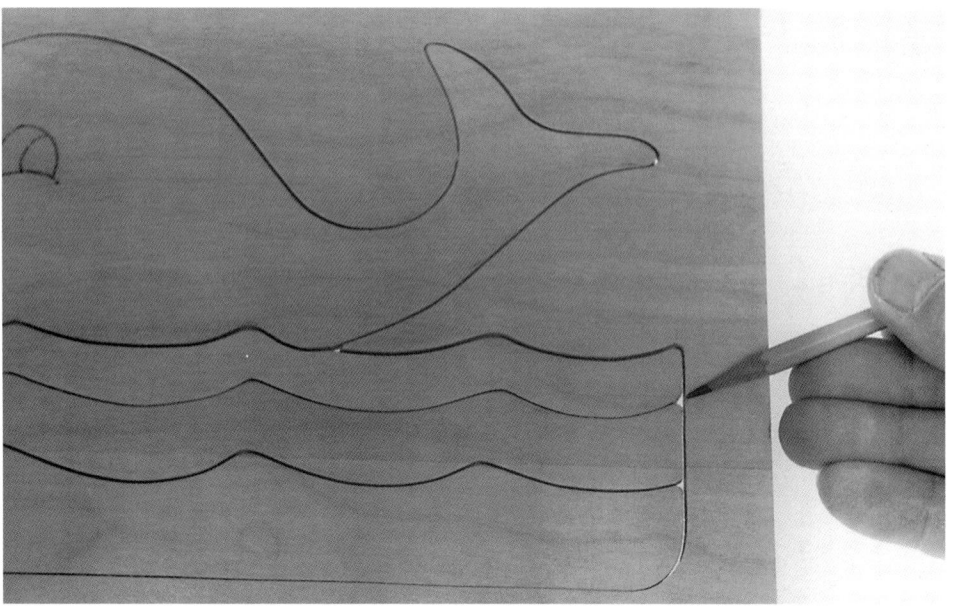

Abbildung 62
Hier werden die scharfen Kanten mit Säge und Sandpapier gerundet.

Abbildung 63
Bei einigen Puzzleteilen markieren die Sägeschnitte oft die Umrißlinien des Entwurfs. Dabei bieten schmale Sägeblätter mit ihren Möglichkeiten enger Wendeschnitte entscheidende Vorteile.

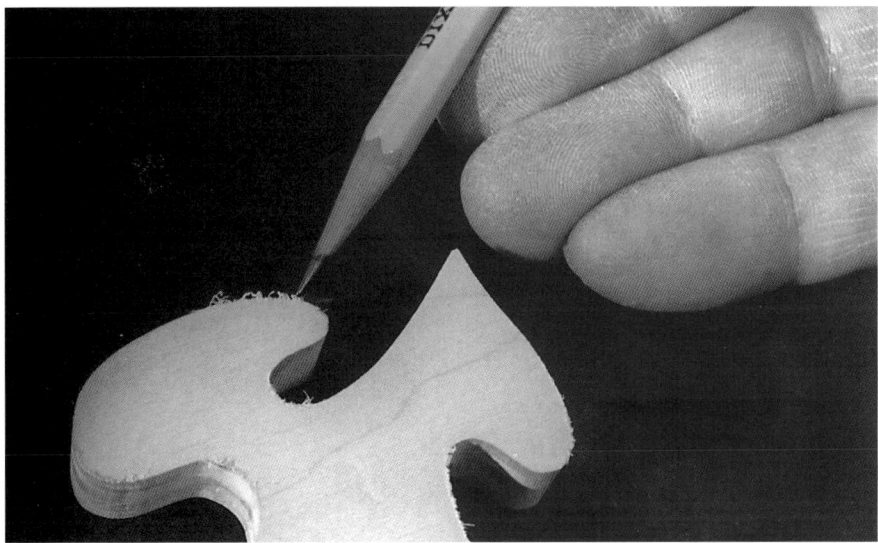

Abbildung 64
Holzfasern oder Fusseln sind auf der Unterseite des Werkstückes normal, solange nichts aussplittert. Leichtes Schleifen schafft hier Abhilfe, aber alle Kanten sollten sowieso mit Sandpapier der Körnung 80 bis 100 sauber gerundet werden. Sollte etwas aussplittern, spannen Sie ein feineres Sägeblatt ein, nehmen Sie Holzmaterial besserer Qualität oder legen Sie während des Sägens ein Abfallstück unter.

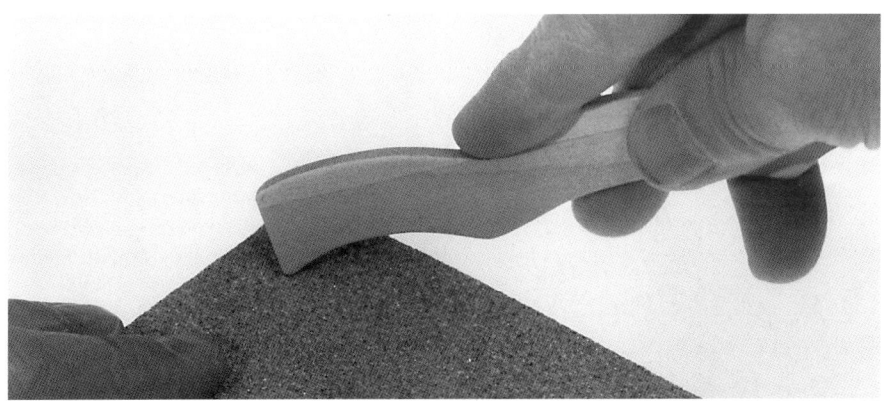

Abbildung 65
Runden Sie die Kanten des Puzzles mit Sandpapier, Körnung 80 bis 100.

Abbildung 66
Das Schleifen gerader Kanten an Kleinteilen nehmen Sie am besten so vor.

Abbildung 67
Zur Herstellung von Puzzles können Sie auch Aufkleber mit selbstklebender Rückseite benutzen. Hier werden die Aufkleber auf eine Furnierplatte mit grundierter Oberfläche geklebt.

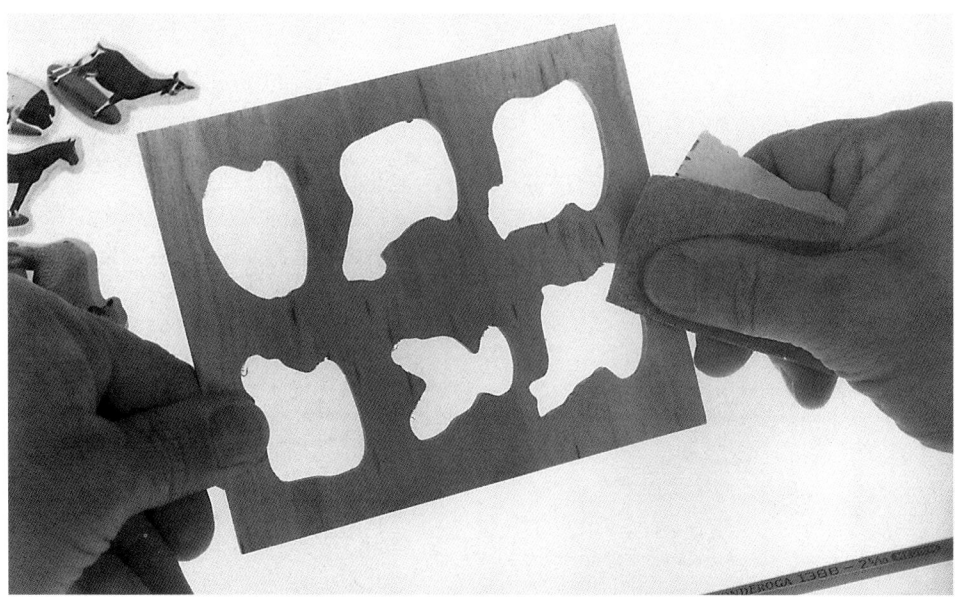

Abbildung 68
Die Kanten des oben liegenden Brettes mit den Ausschnittformen für ein Einlegepuzzle werden von beiden Seiten geschliffen. Dadurch rundet man sie ab und beseitigt Fussel. Anschließend wird das Brett auf die Grundplatte geleimt.

Abbildung 69
Damit dieses Puzzleteil, das nach einem Aufkleber ausgesägt wurde, auch starker Beanspruchung gewachsen ist, schleifen Sie seine Kanten mit Schleifpapier Körnung 80–100. Nach dem Schleifen sprühen Sie eine Lage Firnis oder Lack auf. Machen Sie sicherheitshalber erst einen Test, damit Sie sicher sind, daß der Lack nicht die Farben des Aufklebers oder die Klebeschicht auflöst.

Abbildung 70
Mit Fächerschleifern geht das Abrunden scharfer Kanten rasch vonstatten.

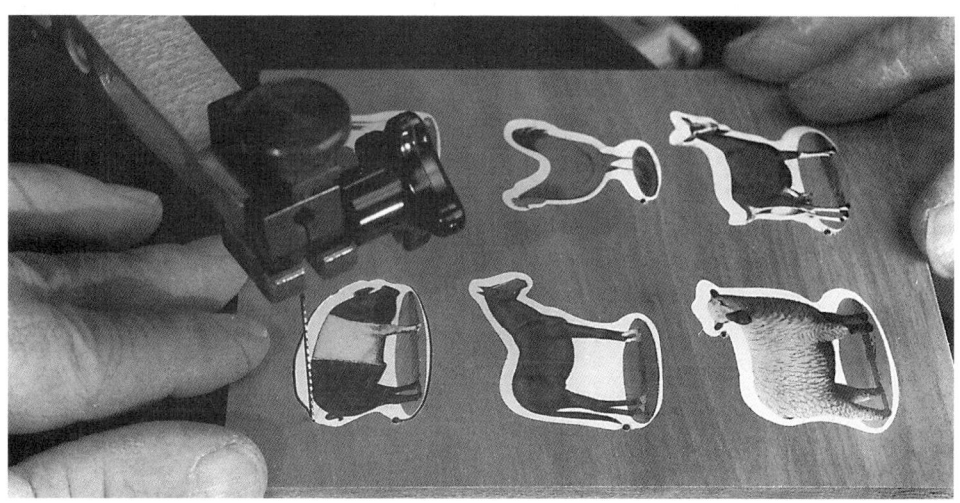

Abbildung 71
Hier sehen Sie, wie man rund um die Aufkleber herumsägt. Dieser Sägeschnitt wurde an einem kleinen Einfädelloch begonnen.

Abbildung 72
Bei Einlegepuzzles für sehr kleine Kinder sind Knöpfe zum Anfassen hilfreich.

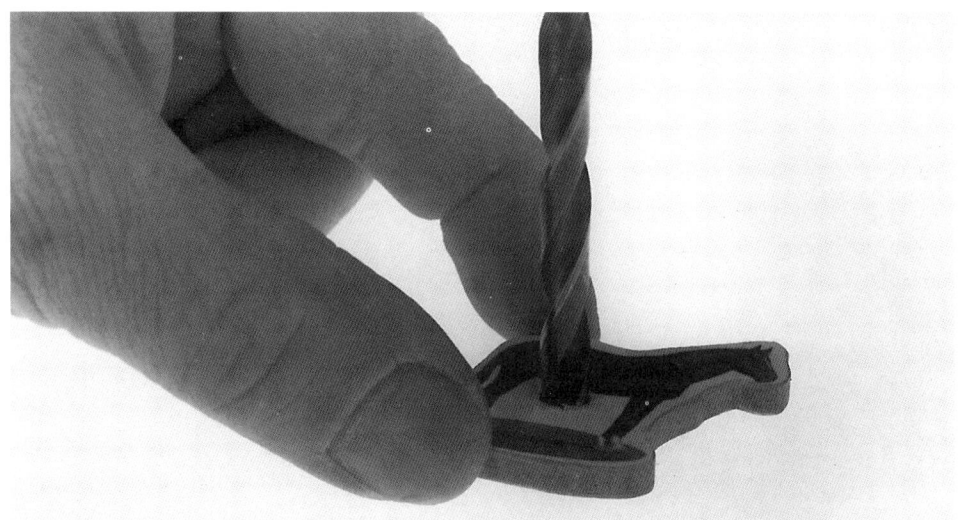

Abbildung 73
Bohren Sie passende Sacklöcher. Das Loch sollte etwas größer sein als der Dübel, damit Raum für den Epoxidharzkleber bleibt.

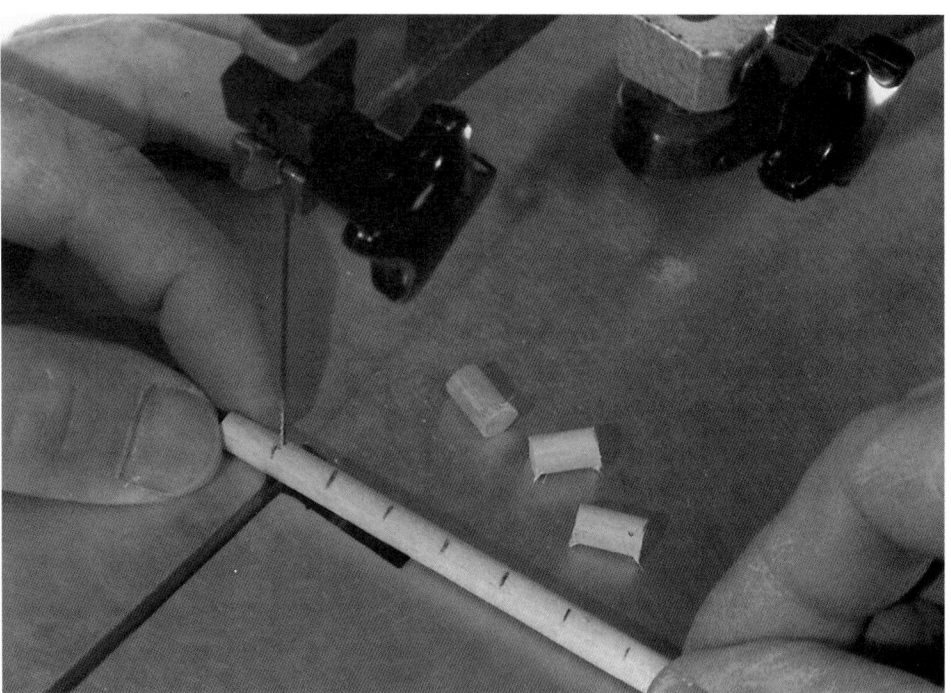

Abbildung 74
Auf diesem Foto können Sie sehen, wie 6-mm-Dübelholz auf Längen von 16 mm gesägt wird, die als kleine Griffe dienen.

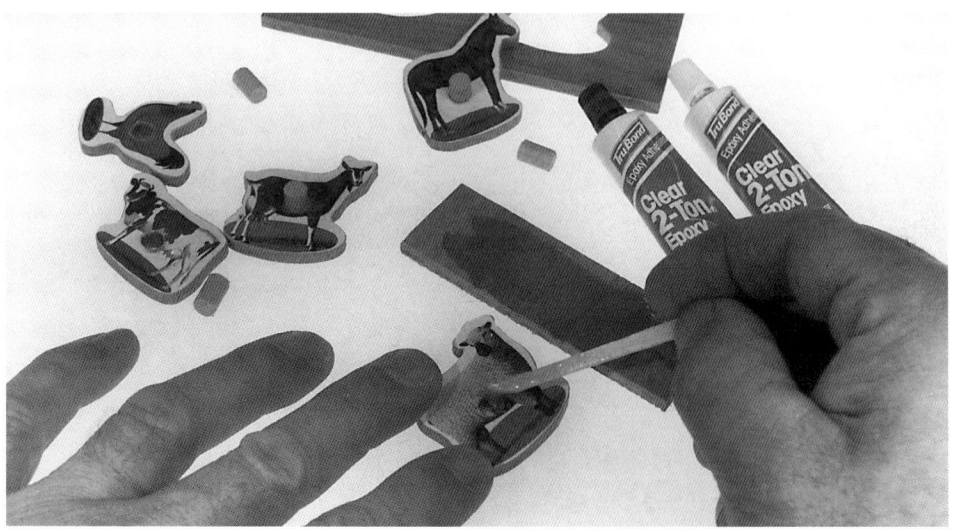

Abbildung 75
Epoxidharz (Zweikomponentenkleber) ist der stärkste Kleber, den Sie für das Befestigen der kurzen Dübel in den Bohrlöchern verwenden können.

Abbildung 76
Abziehbilder lassen ein Puzzle „professionell" erscheinen.

Abbildung 77
Hier drei Puzzles mit Abziehbildern. Wie Sie sehen können, haben die Teile des mittleren Puzzles kleine Griffe.

Abbildung 78
Wollen Sie Abziehbilder aufbringen, muß die Holzoberfläche vorher sorgfältig bearbeitet, glattgeschliffen und gereinigt werden.

Abbildung 79
Sägen Sie um das Abziehbild herum aus, wobei Sie einen Rand von 1,5 bis 3 mm für das spätere Verrunden der Kanten stehen lassen.

Abbildung 80
Bei manchen Abziehbildern ist es ratsam, ihre Form während des Sägens zu vereinfachen.

Abbildung 81
Hier sehen sie, wie ein Motiv ausgesägt wird. Sägen Sie nicht genau auf den Linien aus und in enge Bereiche hinein. Sägen Sie, wie hier gezeigt, daran vorbei.

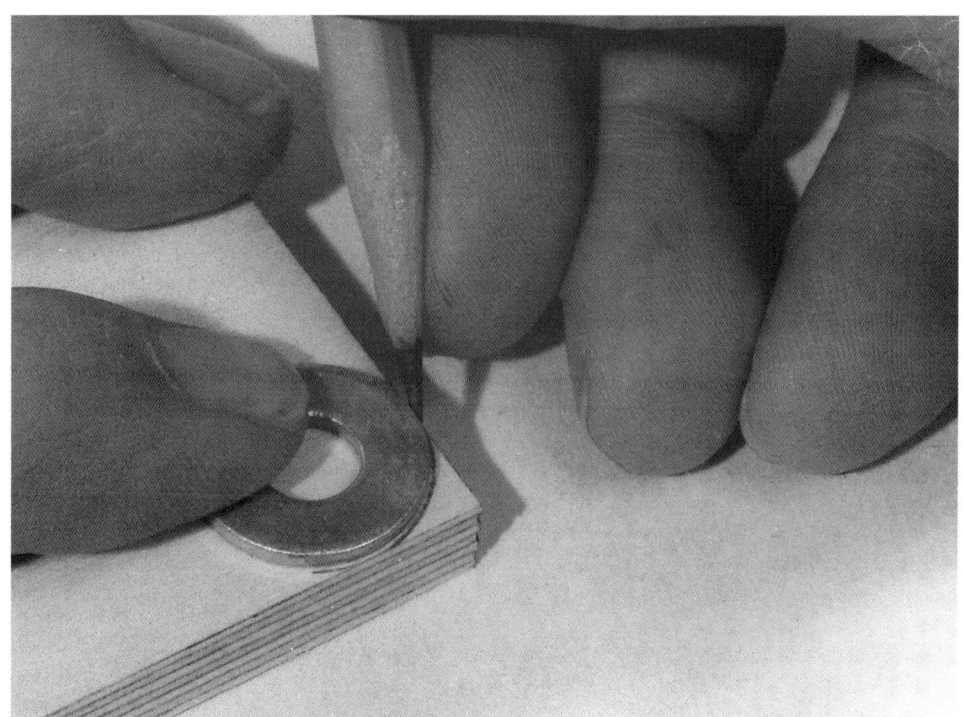

Abbildung 82
Eine Unterlegscheibe oder eine Münze lassen sich gut zum Anreißen runder Kanten verwenden.

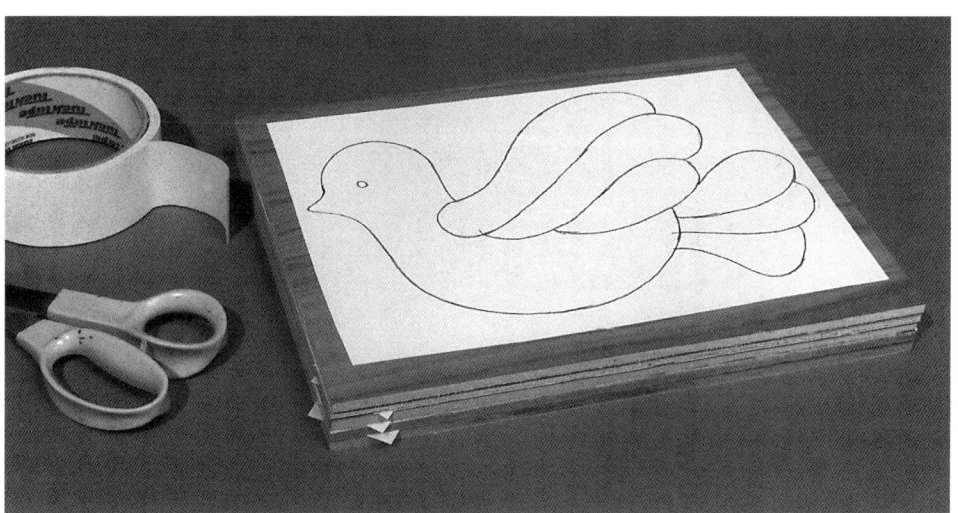

Abbildung 83
Auf diesem Foto sehen Sie einen Stapel für die Serienproduktion vorbereitete Furnierplatten. Das Motiv ist provisorisch auf der Oberfläche befestigt, das zum Teil unten links sichtbare doppelseitige Klebeband hält die Platten zusammen. Die Vorlage ist mit dem Sprühkleber 3M Spray Mount befestigt.

Abbildung 84
Stecken Sie das Sägeblatt durch ein kleines Einfädelloch, das sie vor dem Sägen durch alle Lagen gebohrt haben.

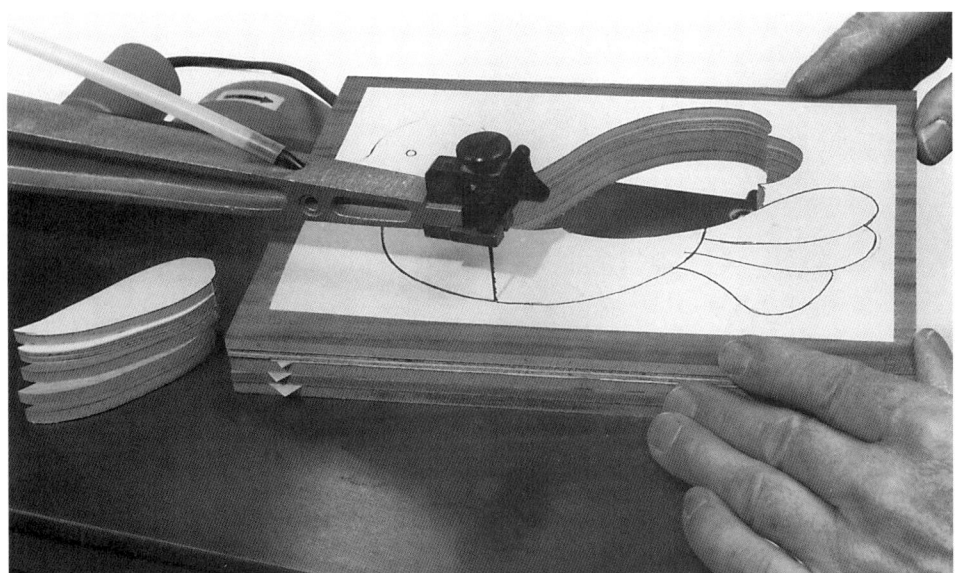

Abbildung 85
Für den Stapelschnitt brauchen Sie eine hochwertige Säge, die exakte Schnitte ausführt, so daß anschließend jedes Teil dem anderen gleicht.

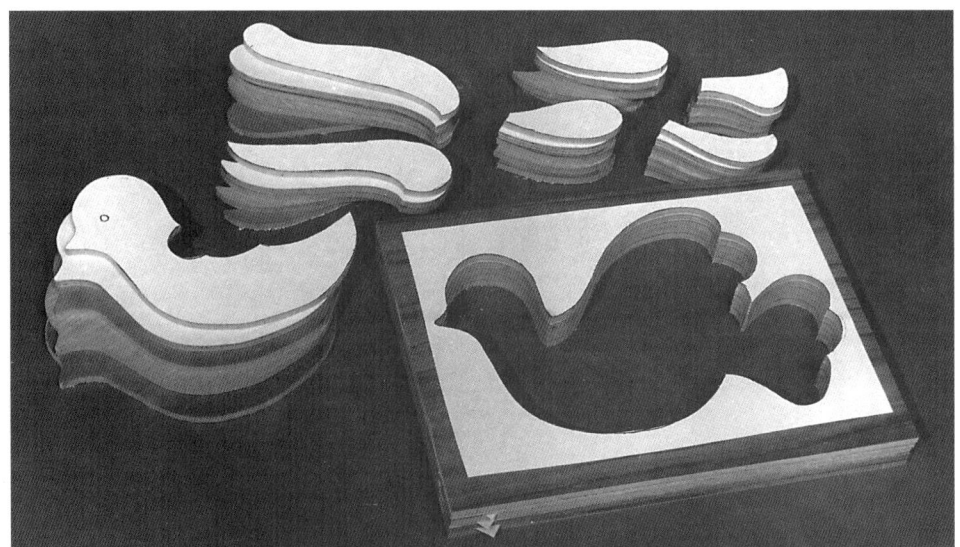

Abbildung 86
Damit eine gewerbsmäßige Puzzleherstellung rentabel wird, müssen Sie Stapelschnitte ausführen können.

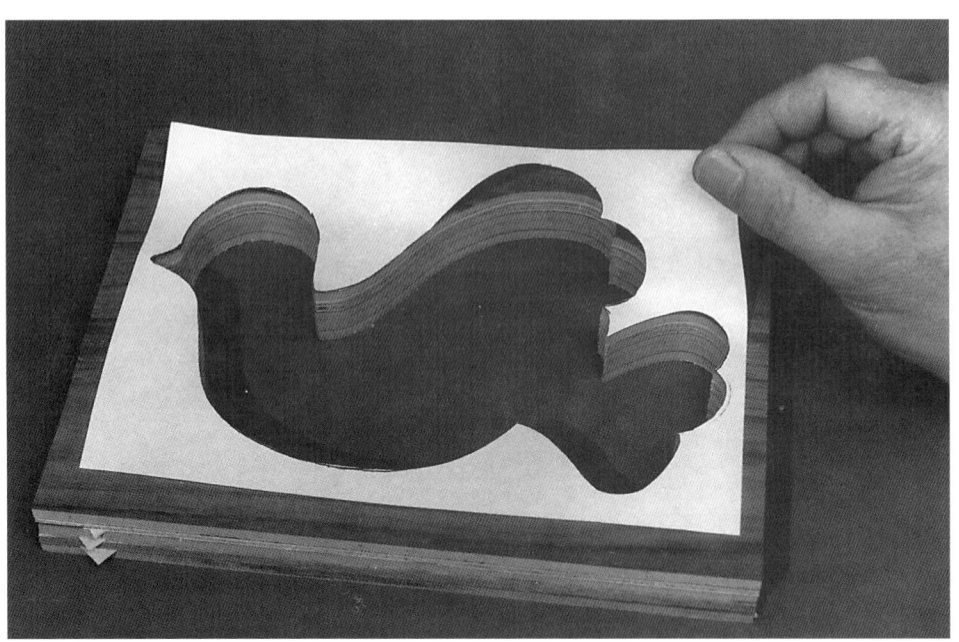

Abbildung 87
Das Entfernen der Vorlage auf Papier ist einfach und hinterläßt keinerlei Rückstände auf der Holzoberfläche, so daß sie entsprechend weiterbehandelt werden kann.

Abbildung 88 Die Teile dieser fünf Puzzles wurden alle zur gleichen Zeit im Stapel gesägt. Bei dieser Methode können Sie die aus verschiedenen Hölzern gesägten Teile untereinander austauschen.

5
Bilder in Stücken – Laubsägepuzzles leicht gemacht

Die Herstellung Ihrer eigenen Laubsägepuzzles ist ein einfacher Vorgang, zu dem nur drei Arbeitsschritte notwendig sind: Zuerst kleben Sie einen passenden Druck oder ein entsprechendes Foto auf einen Holzuntergrund; dann teilen Sie das Ganze in die gewünschte Anzahl gleich großer Teile; anschließend sägen Sie es in einzelne verzahnte Teile aus.

Landkarten, Postkarten (Abb. 89), Poster (Abb. 90), Glückwunschkarten, Kalender (Abb. 91), Kunstdrucke, Kinderbilder aus der Schule, Fotografien, Abbildungen auf den Verpackungen von Cornflakes, Titelseiten von Illustrierten bieten Material für Laubsägepuzzles. Die Liste des geeigneten Materials ist schier unendlich. Für Puzzles sind sogar schon Schallplatten zerschnitten worden – lassen Sie Ihrer Phantasie also freien Lauf.

Dünne Furnierplatten der Stärke 3 bis 13 mm eignen sich hervorragend als Grundplatte. Eine gehärtete Faserplatte ist ein guter Ersatz. Vermeiden Sie die normale Faserplatte, die nicht hart genug ist. Puzzles für kleinere Kinder weisen natürlich größere Spielteile auf. Diese sehen oft besser aus, wenn sie aus dickerem Material der Stärke 6 bis 13 mm gefertigt werden (siehe Abb. 90). Für kleine Puzzles, besipielsweise aus Postkarten, oder für Puzzles für Erwachsene mit kleinen Spielteilen können Sie gut 3 mm starke Furnierplatten aus skandinavischer Birke benutzen.

Ein Kleber, den wir Ihnen sehr für eine zuverlässige Verbindung empfehlen können, ist 3M Foto Mount. Mit diesem Sprühkleber läßt sich Papiermaterial dauerhaft mit Furnierplatten verbinden (siehe Abb. 92). Es gibt auch andere Marken, die gute Dienste leisten. Eine doppelte Klebeschicht auf beiden Seiten sichert eine perfekte, dauerhafte Verbindung. Hat der Kleber nach dem Einsprühen nach 1 bis 2 Minuten angezogen, pressen Sie Ihr „Kunstwerk" auf die Grundplatte. Drücken Sie das Papier vom Zentrum zu den Außenkanten hin gut fest. Wir empfehlen Ihnen, dafür einen

Abbildung 89 Postkarten bieten gute Motive für Puzzles. Dieses hier besteht aus sechs Teilen.

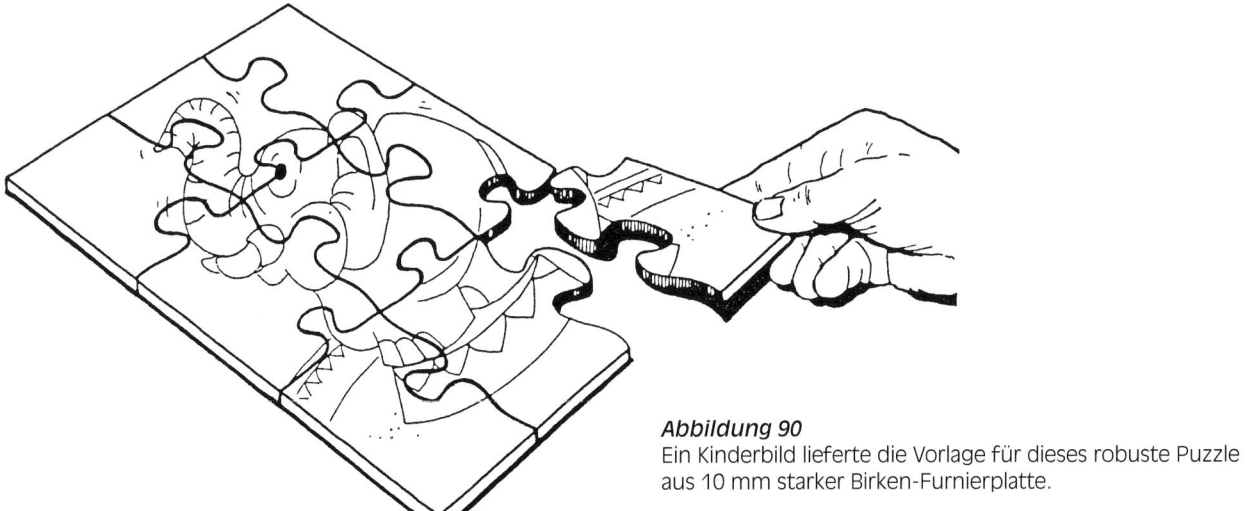

Abbildung 90
Ein Kinderbild lieferte die Vorlage für dieses robuste Puzzle aus 10 mm starker Birken-Furnierplatte.

harten Gummiroller zu benutzen. Sie können auch Kautschuk- oder Kontaktkleber verwenden, doch sollten sie diese zuvor testen.

Wenn Sie Ihr Motiv aufgeklebt haben, stehen Sie vor einem kleinen Problem: Sie müssen jetzt die ungefähren Umrisse der einzelnen Spielteile auf die Oberfläche (als Anhalt beim Sägen) übertragen, ohne dabei das Motiv selbst dauerhaft zu schädigen. Für glänzende, harte Oberflächen, wie beispielsweise bei manchen Fotografien, Kalendern, Glanzpostkarten und den Titelseiten von Illustrierten, eignet sich ein Fettstift recht gut. Fettstifte können Sie in Geschäften für Künstlerbedarf, Fachgeschäften für den Malereibedarf und einigen Glasereien erwerben. Mit einem dunklen Stift (rot) markieren wir helle Oberflächen, mit einem weißen Stift dunkle Oberflächen (Abb. 91). Letzterer ist ein Stift der Marke Stabilo, den Sie für das Bezeichnen von Glas, Plastik und Metall ebenso verwenden können wie für Papier. Fettstiftmarkierungen können Sie leicht mit einem Papiertaschentuch abreiben und so ganz entfernen.

Oberflächen mit einer matten oder weicheren Oberfläche markieren Sie am besten mit einem weichen Kreidestift oder mit gepuderter Kreide. Keideschnur

Abbildung 91 Kalenderbilder eignen sich gut für Laubsägepuzzles. Dieses hier könnte ein Puzzle mit 150 Teilen ergeben.

Abbildung 92 Hier sehen Sie das notwendige Material für ein Postkartenpuzzle. Mit diesem Sprühkleber von 3M kann man die Postkarten dauerhaft auf Furnier- oder Hartplatte befestigen.

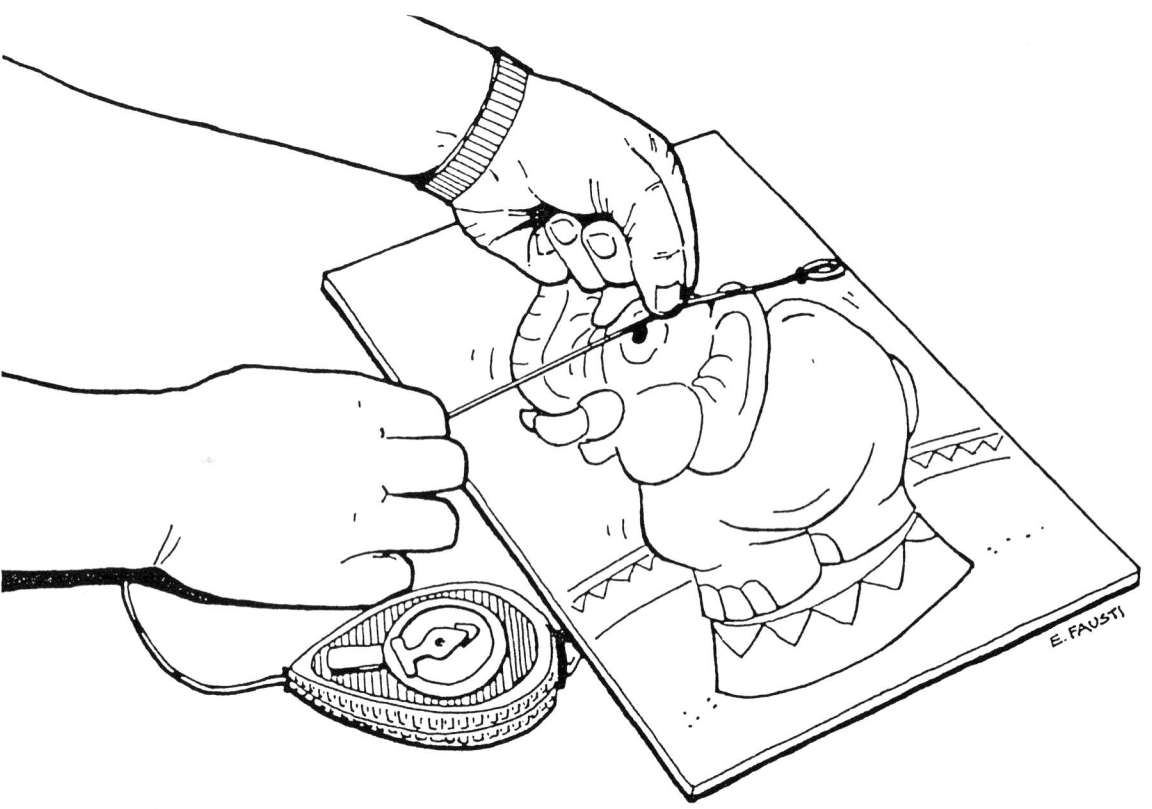

Abbildung 93 Hier wird eine Kreideschnur benutzt, um Linien anzureißen und das Kinderbild für ein neunteiliges Puzzle aufzuteilen.

Abbildung 94
Diese Vorlage ist durch leicht zu entfernende Kreidestriche aufgeteilt; nun kann gesägt werden.

ist praktisch, doch unhandlich bei kleineren Puzzles (siehe Abb. 93 und 94). Natürlich können Sie auch einfach zwischenzeitlich ein Stück Papier aufkleben und mit einem gewöhnlichen Bleistift die Sägelinien anreißen. Kleben Sie das Papier ganz leicht mit wieder ablösbarem Sprühkleber auf, etwa 3M Spray Mount (siehe Abb. 95 und 96).

Mit ein wenig Erfahrung wird auch das freihändige Sägen der verzahnten Puzzleteile bald ganz zur Routine. Deshalb sollten Sie vorher ruhig mit einigen Abfallstücken üben, bis Sie ein Gefühl für den Schnitt bekommen. Beginnen Sie nach ungefähr einem Drittel der Seitenlänge eines Einzelteils mit dem Schnitt der Verzahnung. Sie erhalten ein ordentliches Ergebnis, wenn Sie die Länge der Seite eines Einzelteiles nach Augenmaß dreiteilen. So werden Sie automatisch ein Drittel in die Verzahnung geben und zwei Drittel gradlinig schneiden (siehe Abb. 97, 98 und 99).

Führen Sie alle Schnitte zuerst in eine Richtung aus, entweder vertikal (Abb. 98) oder horizontal (Abb. 99), so daß Sie das Puzzle in Streifen noch zusammenhängender Einzelteile trennen. Legen Sie dann die Streifen wieder zusammen und führen Sie die kreuzenden Schnitte aus. Ist das Puzzle nur schwer zu handhaben oder zusammenzuhalten, weil es für den Sägetisch zu groß ist, legen Sie es auf ein Stück Wellpappe. Halten Sie so nun Puzzle und Wellpappe zusammen und führen Sie die Kreuzschnitte aus. Bei dieser Technik bleiben alle Puzzleteile in ihrer ursprünglichen Ordnung beisammen, so daß Sie sie hinterher nicht wieder zusammenlegen müssen (siehe Abb. 100 und 101).

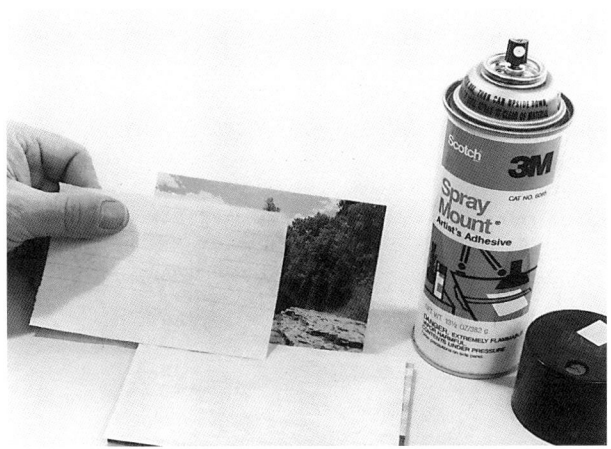

Abbildung 95
Hier sehen Sie, wie man ein Stück Schreibpapier mit Sprühkleber von 3M provisorisch auf einer Postkarte befestigt. So können Sie das Werkstück vor dem Aussägen der einzelnen Teile mit einem Bleistiftraster versehen.

Abbildung 96
Hier wird gezeigt, wie Sie eine Strecke in gleiche Abschnitte teilen. Beachten Sie, daß das Bandmaß schräg angelegt ist, so daß etwa 50 mm große Abschnitte entstehen. Eine Bruchrechnung ist jetzt überflüssig!

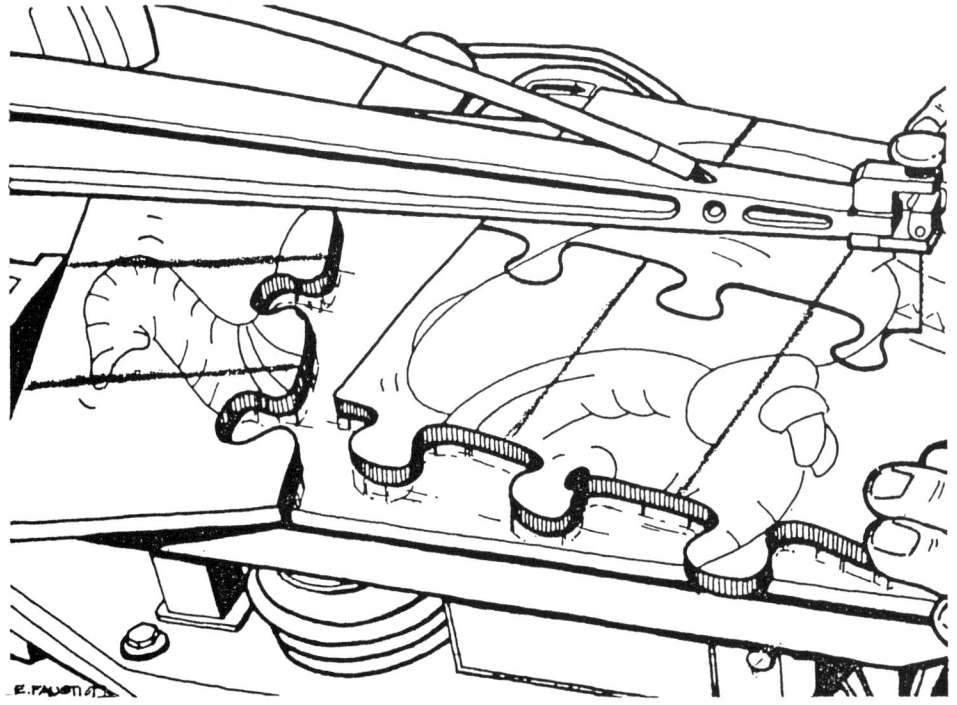

Abbildung 97 Jede Verzahnungsstelle wird ohne festgelegten Entwurf freihändig gesägt. Die Rasterlinien aus Kreide dienen nur als Anhalt für die Größe und Anzahl der Einzelteile, nicht aber für ihre Form.

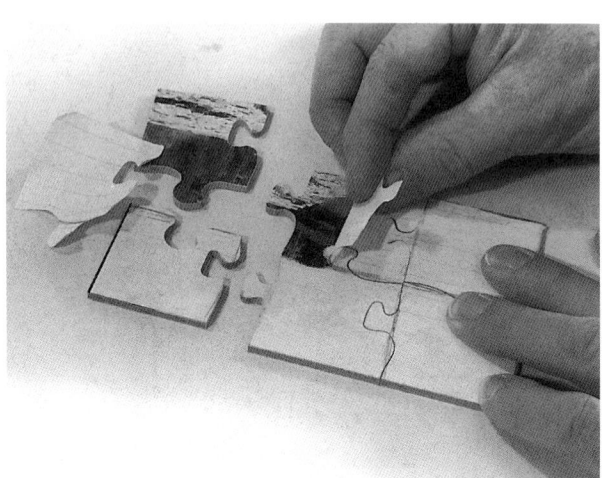

Abbildung 98 (links oben)
Hier sehen Sie, wie das sechsteilige Postkartenpuzzle ausgesägt wird. Beachten Sie, daß die Linien nur als „Raumteiler" dienen, und gesägt wird, ohne den vorgezeichneten Linien genau zu folgen.

Abbildung 99 (rechts oben)
Beim Aussägen eines 28teiligen Postkartenpuzzles mit einem feinen Sägeblatt.

Abbildung 100
Nach dem Aussägen ziehen Sie von jedem Einzelteil das Rasterpapier ab.

Abbildung 101 Hier ein zusammengesetztes, mit der Feinschnittsäge gesägtes Puzzle.

6
Standpuzzles: ein ganzer Zoo zum Aufstellen

Abbildung 102 Eine Dinosaurierherde.

Aufrecht stehende Puzzles werden üblicherweise aus stärkerem Massivholz geschnitten, doch können Sie jedes Material verarbeiten, dessen Stärke ihre Feinschnittsäge bewältigt. Einige der kleineren in diesem Buch abgebildeten Standpuzzles sind aus nur 20 mm starker Furnierplatte geschnitten (Abb. 103), andere wiederum aus dem stärkeren Birkenschichtholz. Bei einigen Puzzles dürfte Furnierplatte im Vergleich zu Massivholz tatsächlich die bessere Wahl sein, etwa bei den Puzzles, die empfindliche, kurzfaserige Partien haben wie die Giraffe in Abbildung 127.

Die Bandsäge schneidet stärkeres Material schneller und präziser als die Feinschnittsäge. Erfahrungsgemäß werden jedoch bei Verwendung einer Bandsäge die Schnittflächen viel rauher.

Natürlich liegt die Wahl des Materials und der benutzten Maschinen ganz bei Ihnen. Generell gilt, je stärker das Material, desto breiter sollte – innerhalb gewisser Grenzen – die Sägefuge sein. Sie wollen schließlich Puzzles, die sich leicht zusammenbauen und auseinandernehmen lassen, aber keinesfalls solche, die schlampig zusammengezimmert aussehen.

Dieses Kapitel des Buches enthält auch drei Standpuzzles, die so entworfen wurden, daß ihre Einzelteile über einen vertikalen Dübel geschoben werden.

Zwei andere Beispiele für stehende Puzzles sind in Kapitel 8 angeführt. Das eine ist aus einem Rundholz gesägt worden, das andere aus einer runden Furnierplattenscheibe.

Abbildung 103
Das Aussägen eines Dinosaurierpuzzles aus Furnierplatte.

Abbildung 104 Vorlagen für kleine Dinosaurier.

Abbildung 105 Vorlagen für kleine Dinosaurier.

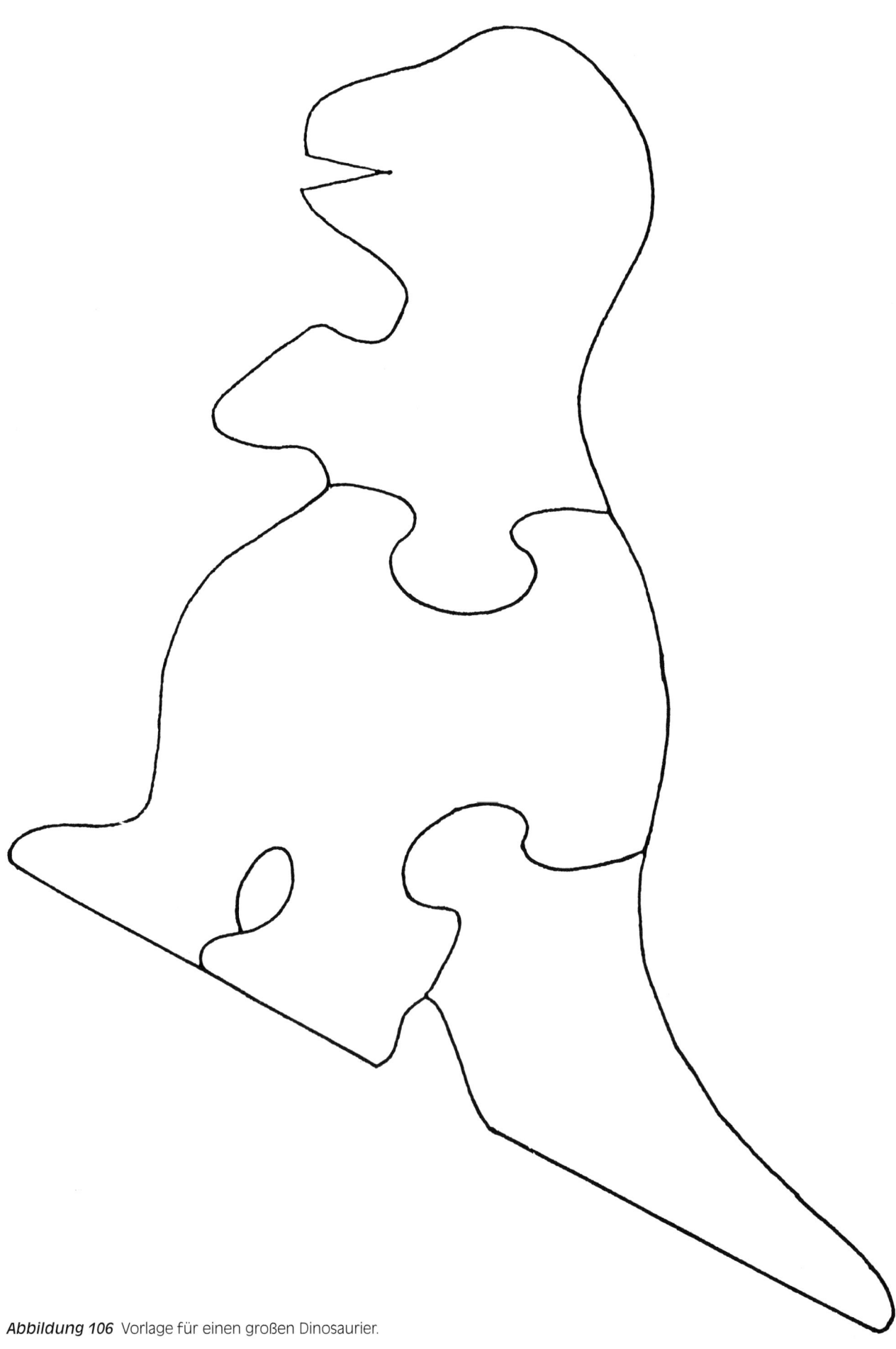

Abbildung 106 Vorlage für einen großen Dinosaurier.

Abbildung 107 Vorlage für einen großen Dinosaurier.

Abbildung 108 Vorlage für einen großen Dinosaurier.

Abbildung 109 Vorlage für einen großen Dinosaurier.

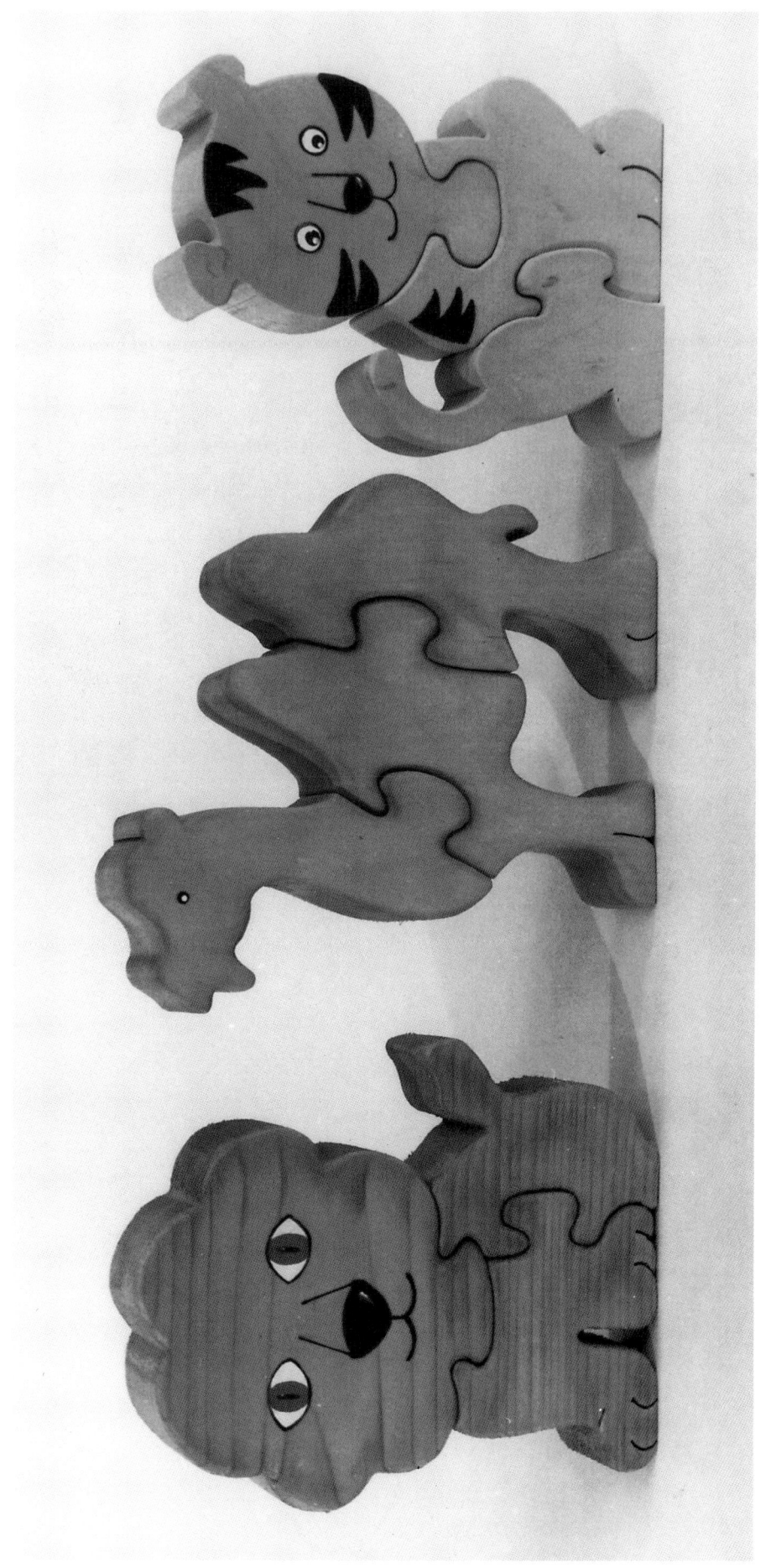

Abbildung 110 Ein Löwe, ein Kamel und ein Tiger.

Abbildung 111 Vorlage für den Tiger.

Abbildung 112 Vorlage für den Löwen.

Abbildung 113 Vorlage für das Kamel.

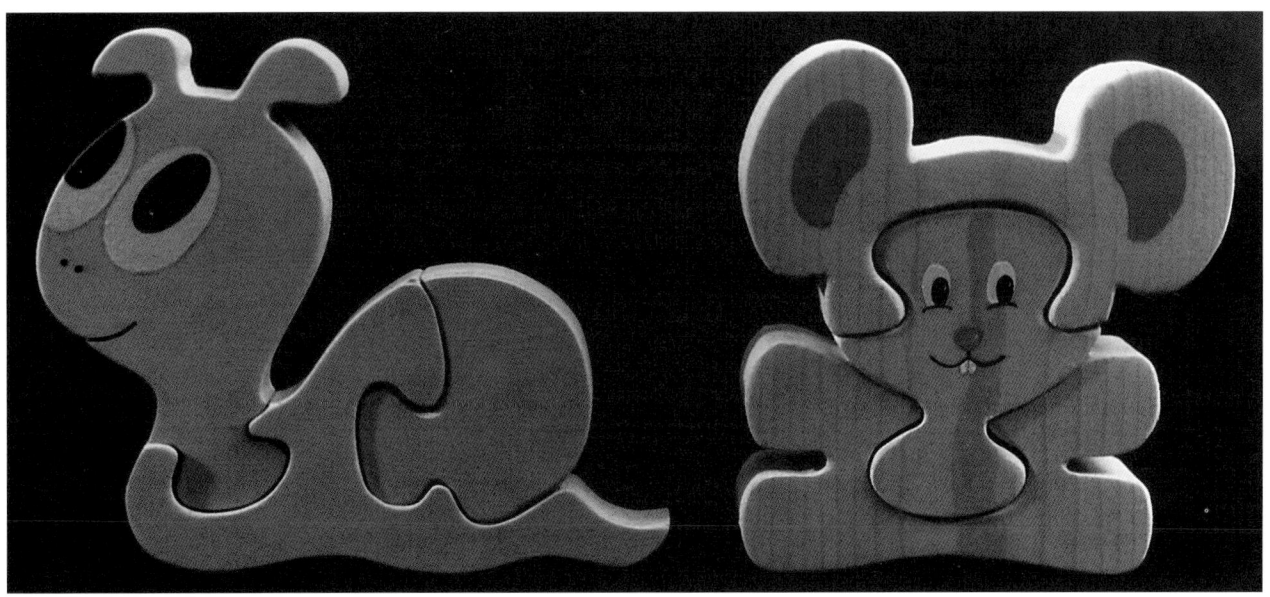

Abbildung 114 Eine fröhliche Schnecke und eine freundliche Maus.

Abbildung 115 Vorlage für die Schnecke.

53

Abbildung 116 Vorlage für die Maus.

Abbildung 117
Ein Schneemann und ein Baum.

Abbildung 118 Vorlage für den Baum.

Abbildung 119 Vorlage für den Schneemann.

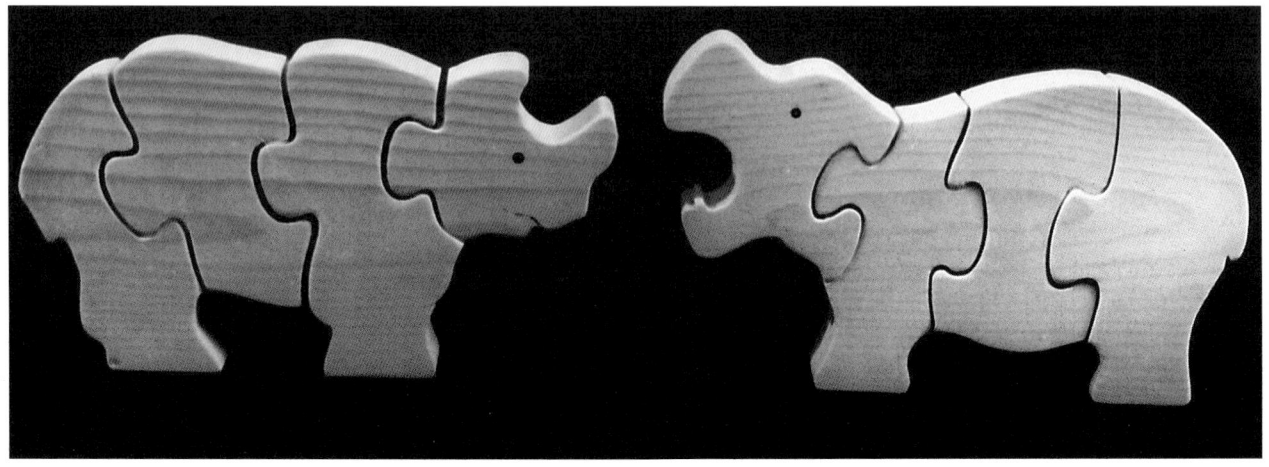

Abbildung 120 Ein Nashorn und ein Nilpferd.

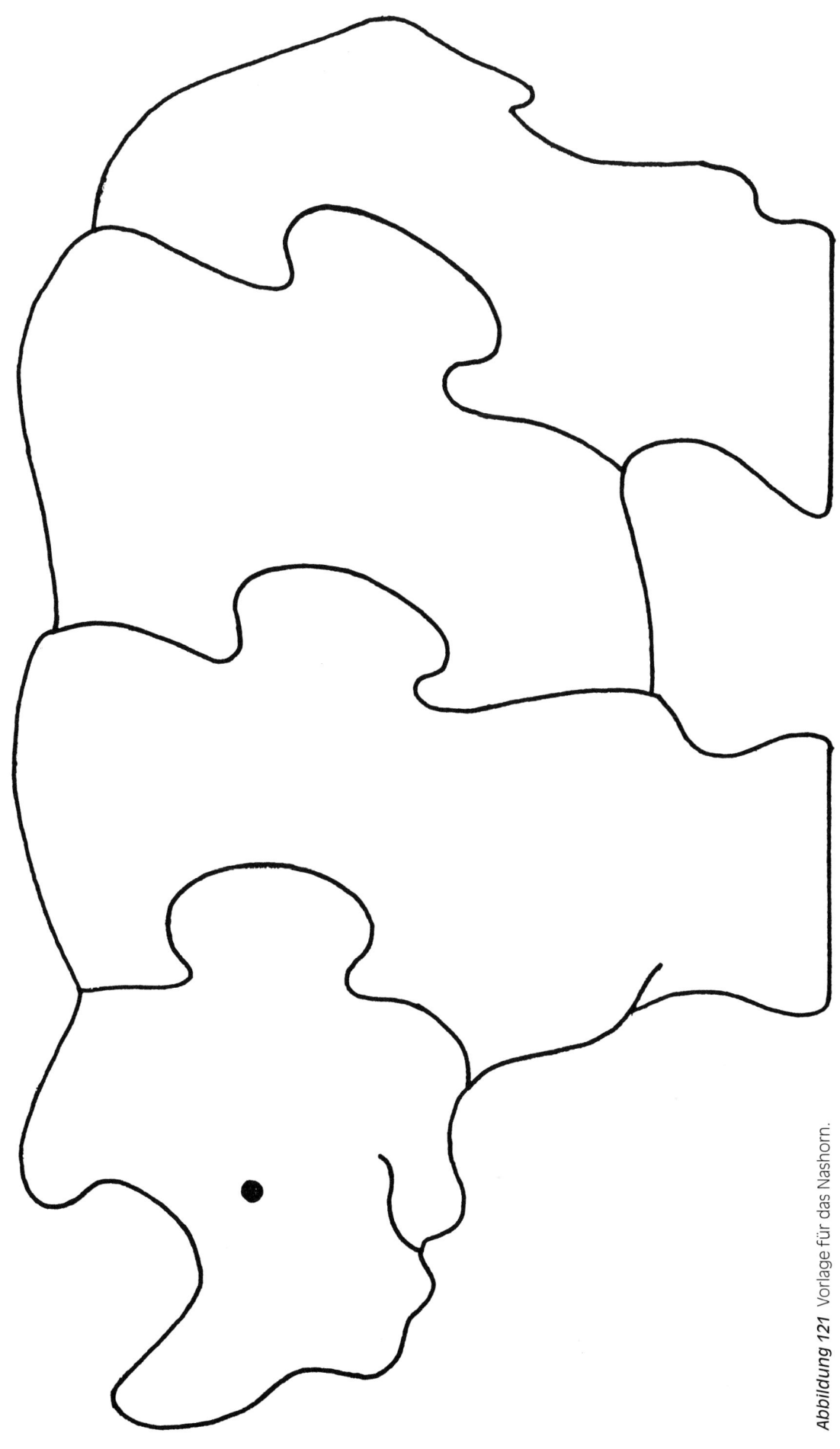

Abbildung 121 Vorlage für das Nashorn.

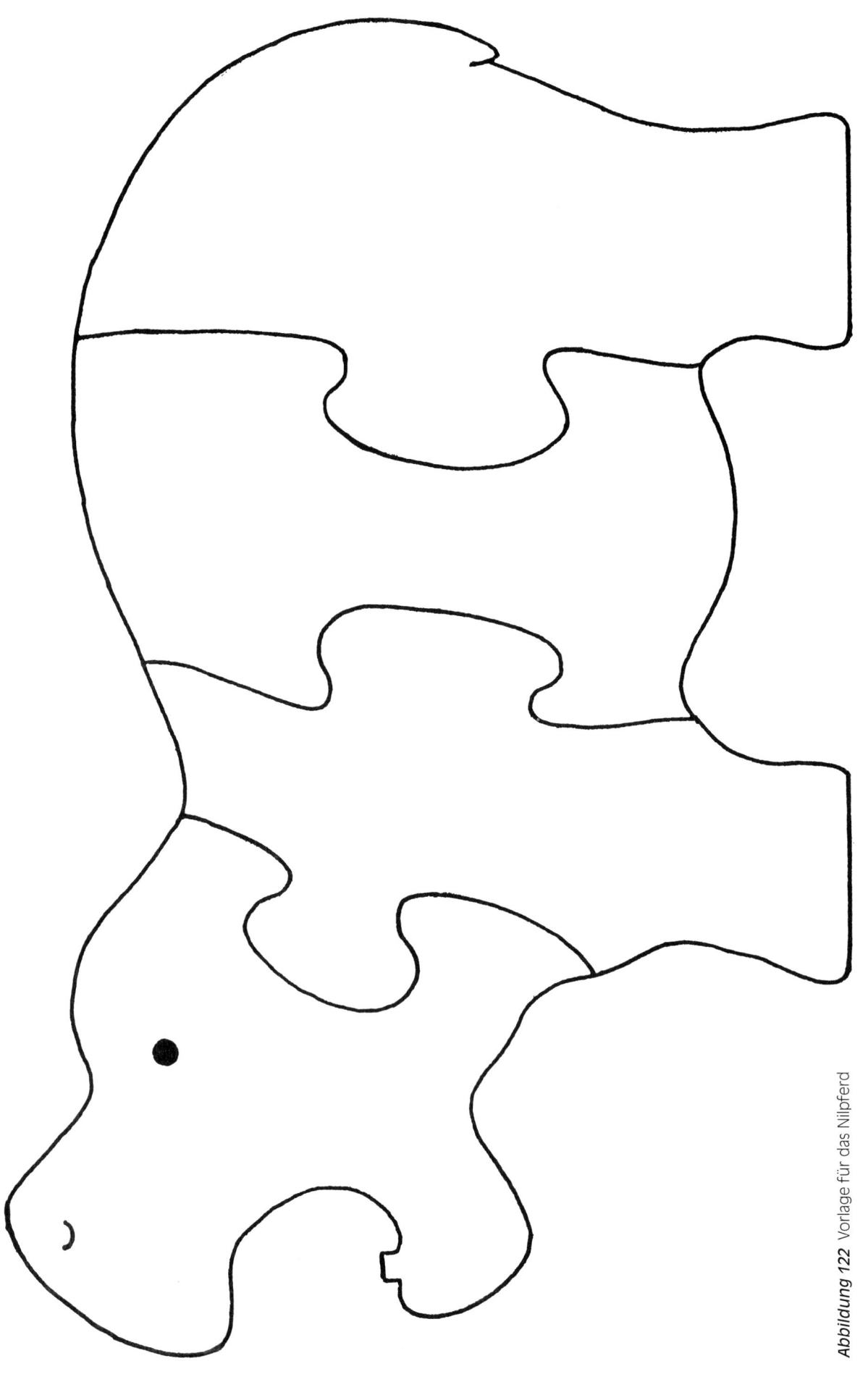

Abbildung 122 Vorlage für das Nilpferd

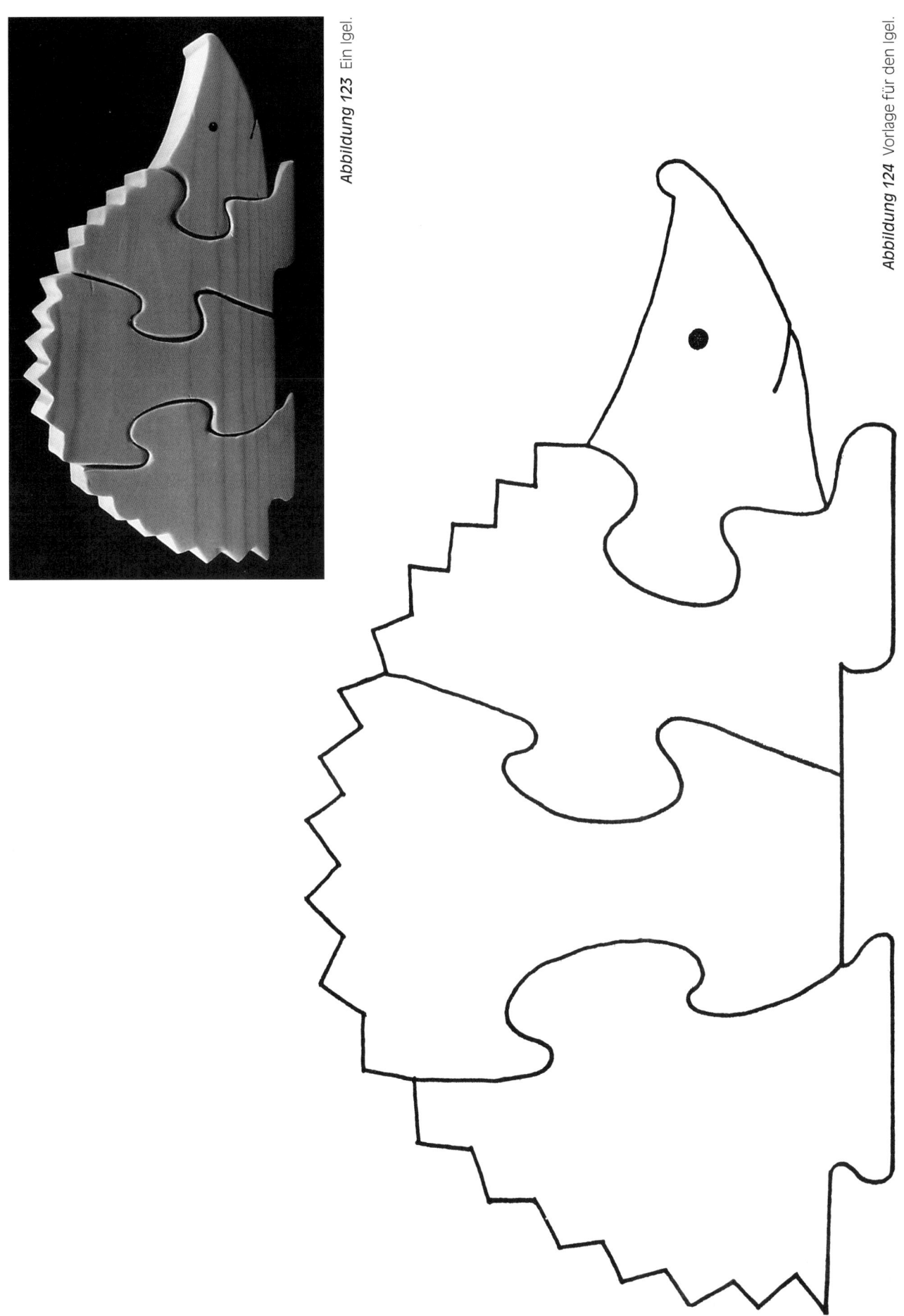

Abbildung 123 Ein Igel.

Abbildung 124 Vorlage für den Igel.

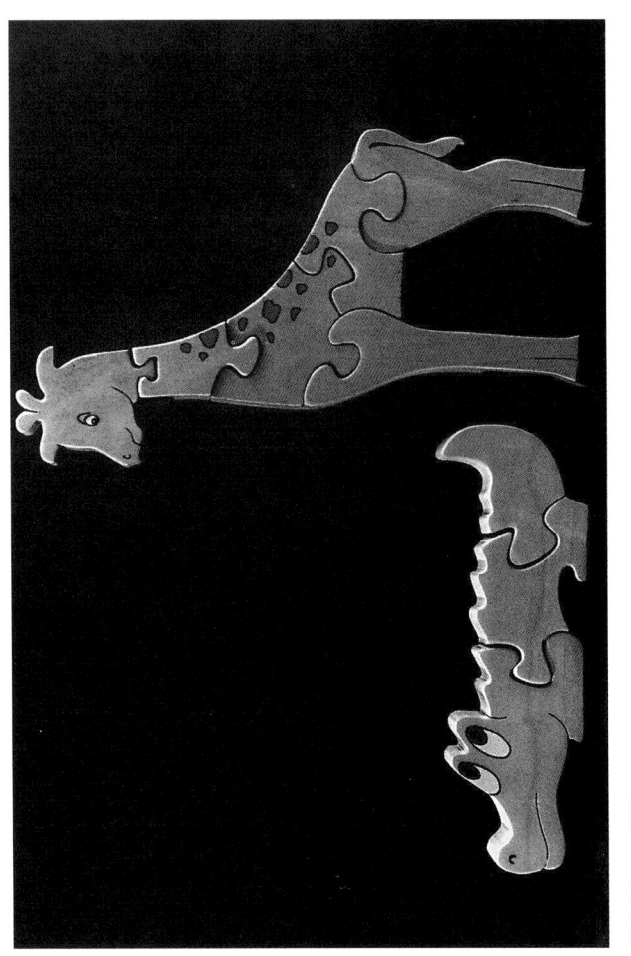

Abbildung 125
Ein freundliches Krokodil und eine verspielte Giraffe.
Beachten Sie die ausdrucksvollen Augen.

Abbildung 126
Vorlage für das Krokodil.

Abbildung 127 Vorlage für die Giraffe.

Abbildung 128 Eine kleine Schildkröte, ein Bärenbaby und ein wolliges Schaf.

Abbildung 129 Vorlage für die Schildkröte.

Abbildung 130 Vorlage für den Bären.

Abbildung 131 Vorlage für das Schaf.

Farbtafel 1 Das nicht ganz einfache Rahmenpuzzle, mit dessen Hilfe Kinder das Alphabet lernen können.

Farbtafel 2 Bei diesen Puzzles wurden helle Beiztöne und Farblasuren verwendet.

Farbtafel 3 Hier einige ungewöhnliche, aber hochinteressante Ideen für Puzzles, die sich sowohl für Schulkinder als auch für Erwachsene eignen.

Farbtafel 4 Durch Farbe lassen sich alle Puzzles ansprechender gestalten.

Farbtafel 5
Diese Einlegepuzzles wurden unter Verwendung von Aufklebern und Abziehbildern hergestellt

Farbtafel 6 Diese einfachen Einlegepuzzles sind auch für das Vorschulalter geeignet.

Farbtafel 7 Beachten Sie bei dem Fisch und der Schnecke die sanften Pastellfarben. Das englische Wort „shapes" besteht aus einem Stück, es könnte aber auch jeder Buchstabe einzeln ausgesägt werden. Die Zahlen auf den Würfeln sind aufgemalt und die Kanten mit Tusche nachgezogen.

Farbtafel 8 Bei der „Ente im Regen" sind die Tropfen und kleinen Wellen im Wasser aufgemalt. „Raggy Ann" hat aufgemalte Herzen und Punkte, und die Details der Roboterarme wurden mit Feder und Tusche aufgetragen.

Farbtafel 9 Hier eine Auswahl interessanter Einlegepuzzles.

Farbtafel 10 Diese klassischen Motive haben durch die brillante Farbgestaltung Pfiff erhalten.

Farbtafel 11 Die Schrifttypen dieser Puzzles mit Buchstaben können auch gut für Entwürfe mit Namenszug des Besitzers verwendet werden.

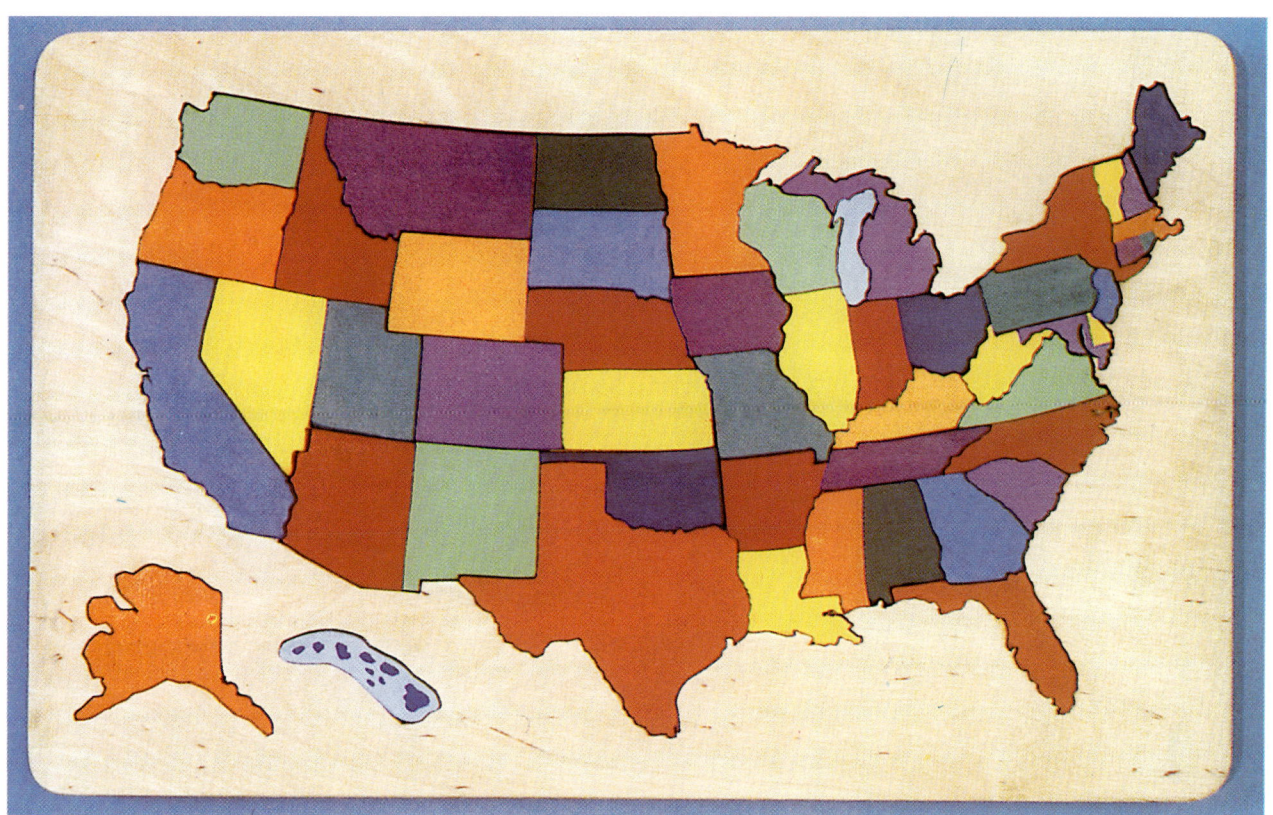

Farbtafel 12 Hier finden Sie die amerikanischen Bundesstaaten für den vergnüglichen Geographieunterricht farbenfroh und detailgetreu gestaltet.

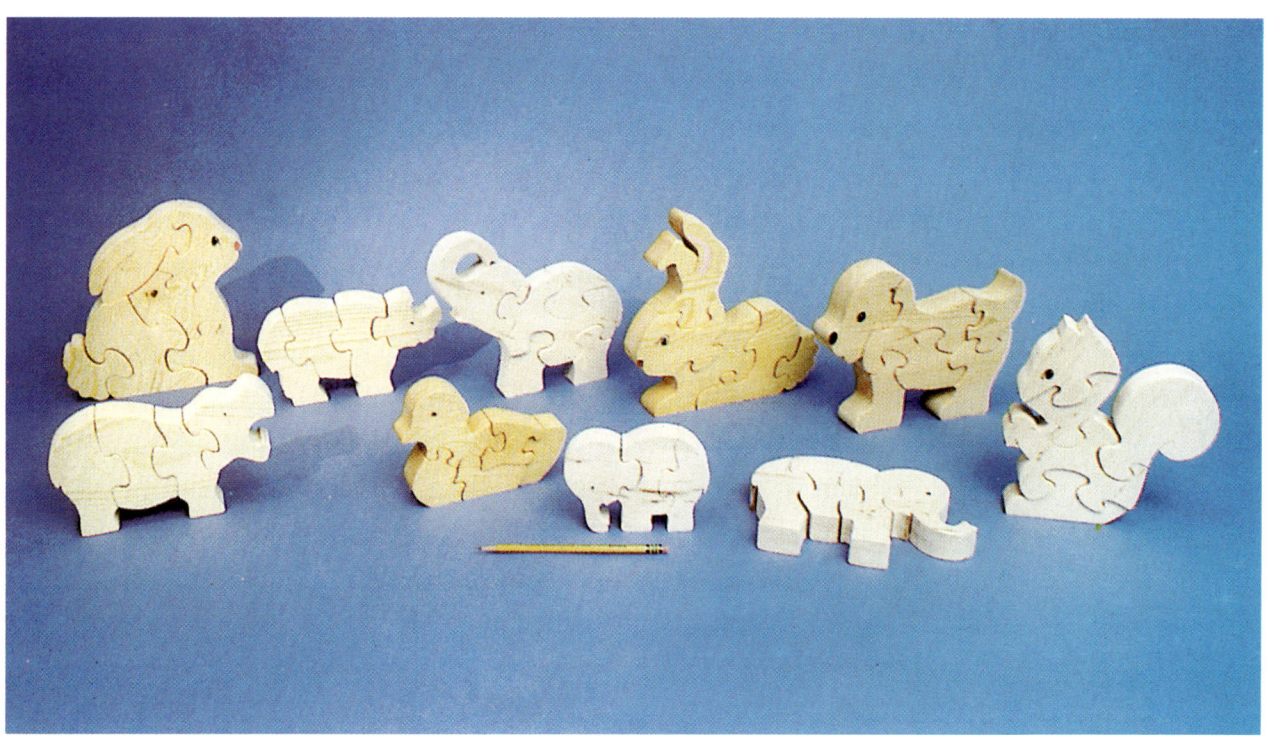

Farbtafel 13 Hier einige typische Standpuzzles.

Farbtafel 14 Dieses Doppelpuzzle besteht aus zwei übereinandergelegten Einlegepuzzles.

Farbtafel 15 Hier zwei Beispiele für Puzzles, die in Stapelschnittechnik aus verschiedenen Hölzern gefertigt und deren Teile anschließend ausgetauscht wurden.

Abbildung 132 Eine Elefantenfamilie.

Abbildung 133
Vorlage für den kleinen Elefanten.

Abbildung 134 Vorlage für einen großen Elefanten.

Abbildung 135 Vorlage für einen großen Elefanten.

Abbildung 136 Eine neugierige Kuh, eine Henne mit Küken und ein Schwein.

Abbildung 137 Vorlage für die Kuh.

77

Abbildung 138 Vorlage für die Henne.

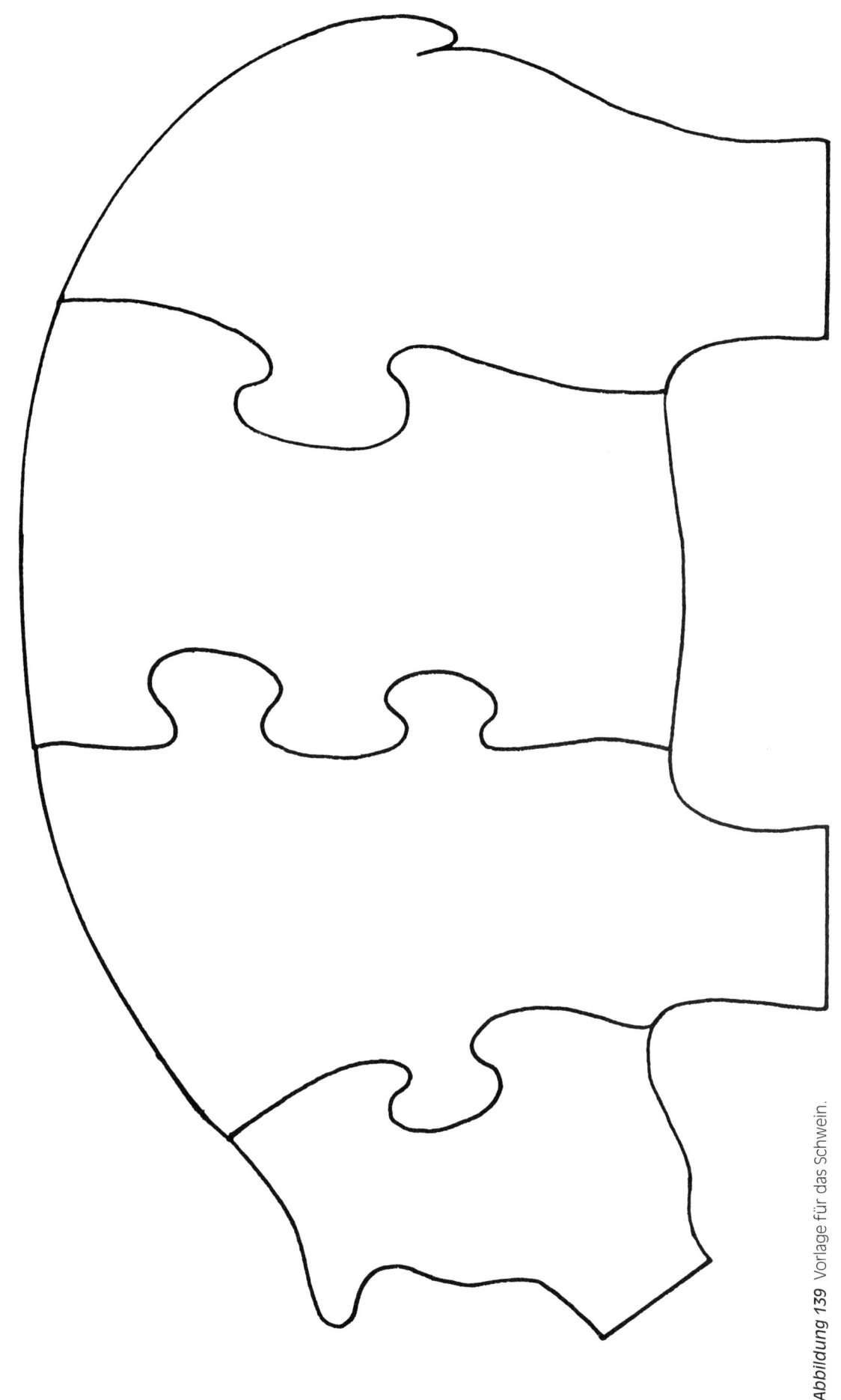

Abbildung 139 Vorlage für das Schwein.

79

Abbildung 140 Goldige Enten.

Abbildung 141 Vorlage für eine Ente.

80

Abbildung 142 Vorlage für eine Ente.

Abbildung 143
Ein verspielter Welpe.

Abbildung 144
Vorlage für
den Welpen.

Abbildung 145
Ein Kaninchenpaar. Achten Sie beim rechten Puzzle auf den Maserungsverlauf: Die Maserung läuft aus Stabilitätsgründen mit den Ohren, die durch einen Sägeschnitt markiert sind.

Abbildung 146
Vorlage für das erste Kaninchen.

Abbildung 147 Vorlage für das zweite Kaninchen.

Abbildung 148 Eine kleine Ente, eine Lokomotive mit zugekauftem „Personal" und ein Seelöwe mit einem Ball.

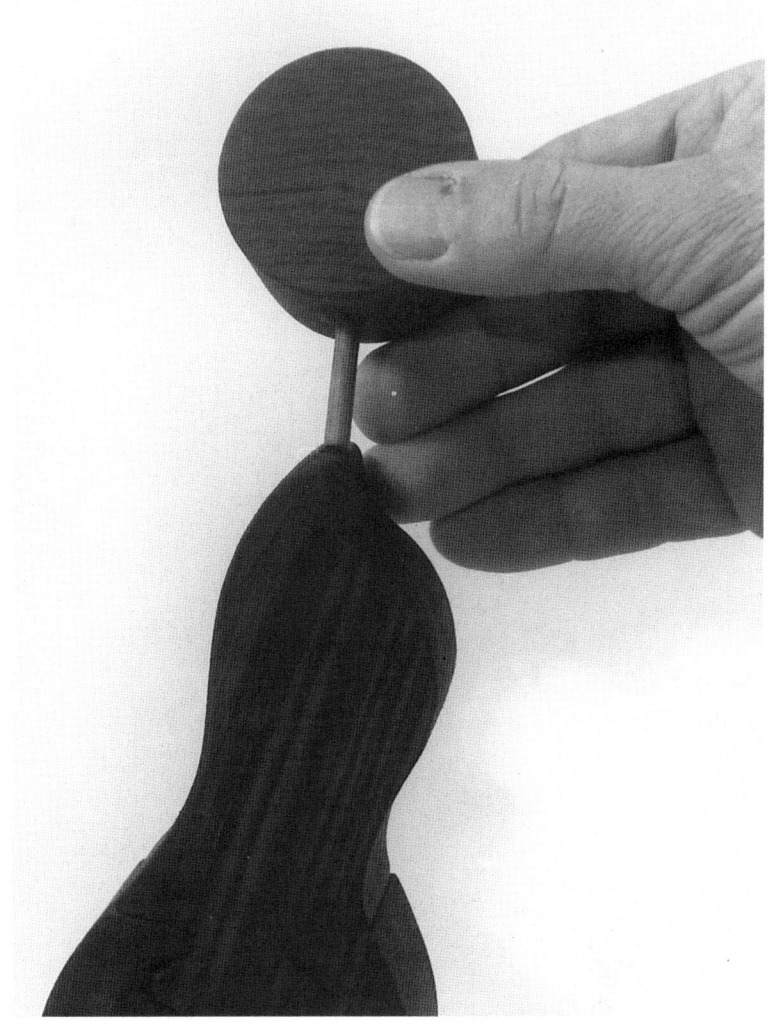

Abbildung 149
Ein 6 mm starkes Dübelholz im Ball paßt in ein 7 mm großes Bohrloch in der Spitze des Puzzles.

Abbildung 150
Vorlage für
die Lokomotive.

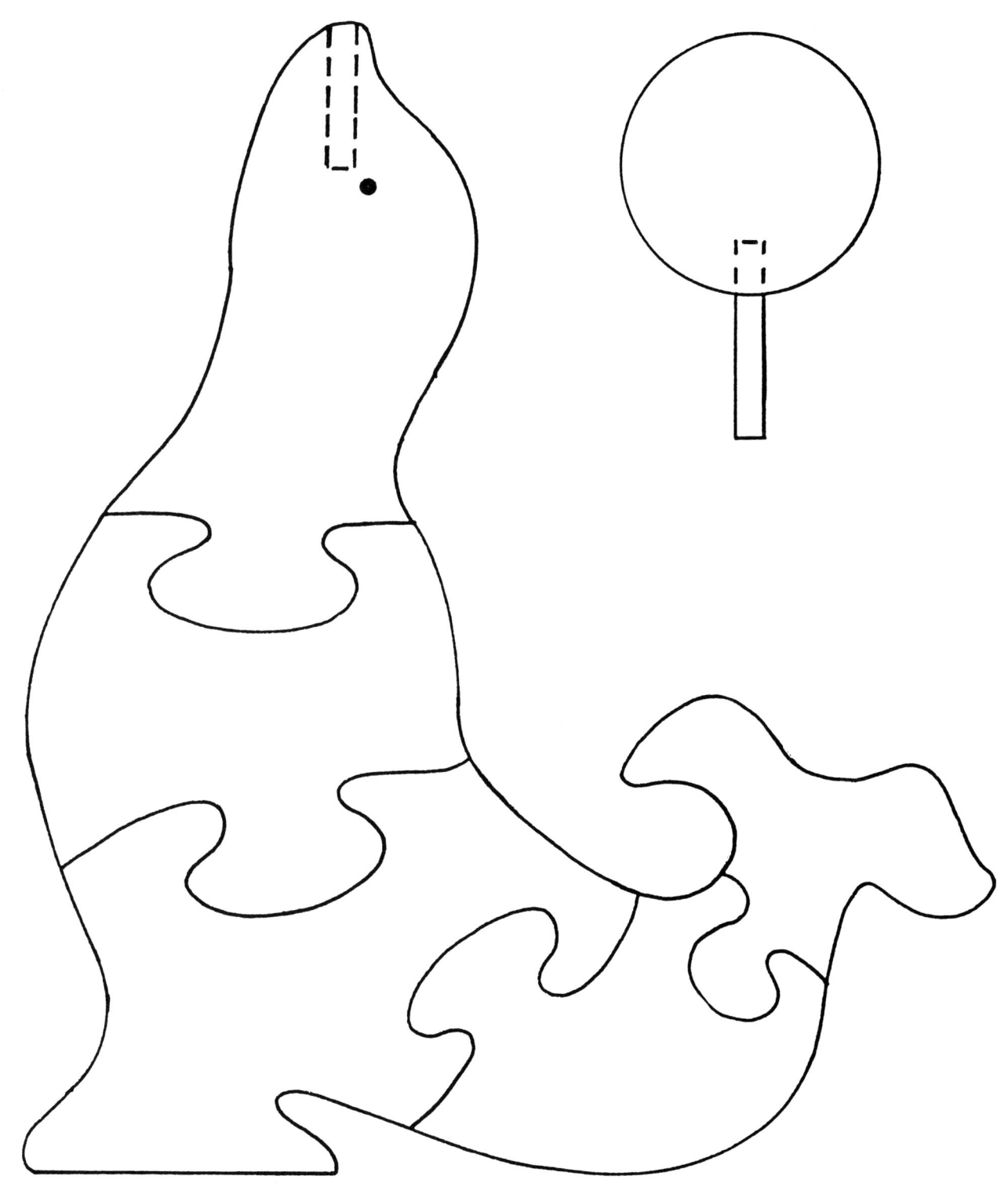

Abbildung 151 Vorlage für den Seelöwen.

Abbildung 152 Vorlage für ein Eichhörnchen.

Abbildung 153 Standpuzzles: ein Apfel, eine Birne und ein Indianer.

Abbildung 154 Bohren Sie das vertikale Loch, bevor Sie die Form in Einzelteile zersägen. Hier sehen Sie das Apfelpuzzle mit einer Bohrung von 13 mm Durchmesser. Das Apfel- und das Birnenpuzzle werden aus einem 45 mm starkem Brett gesägt und ihre Kanten mit einer Oberfräse gerundet. Bei beiden werden Dübelhözer mit 12 mm Durchmesser verwendet.

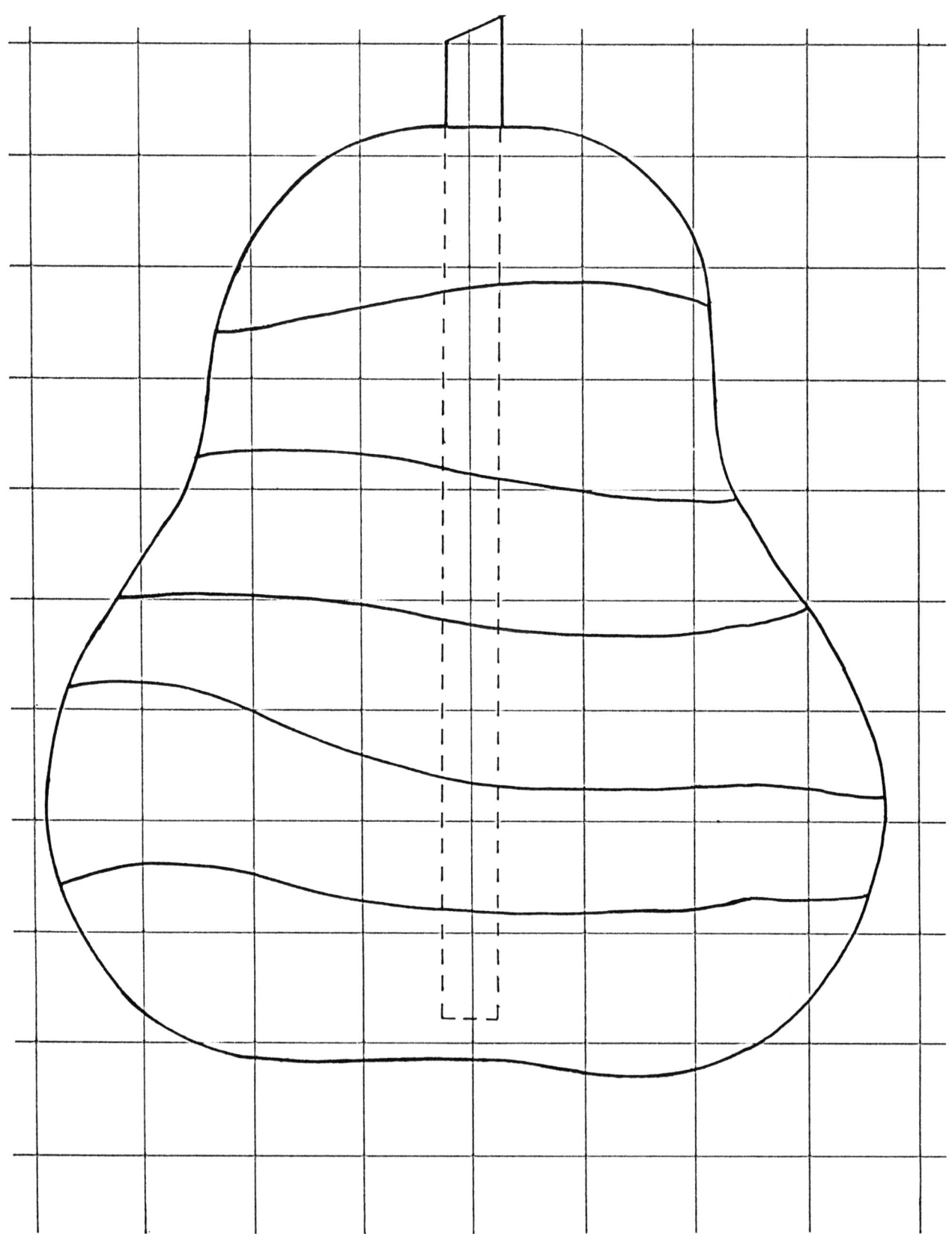

Abbildung 155 Vorlage für die Birne.

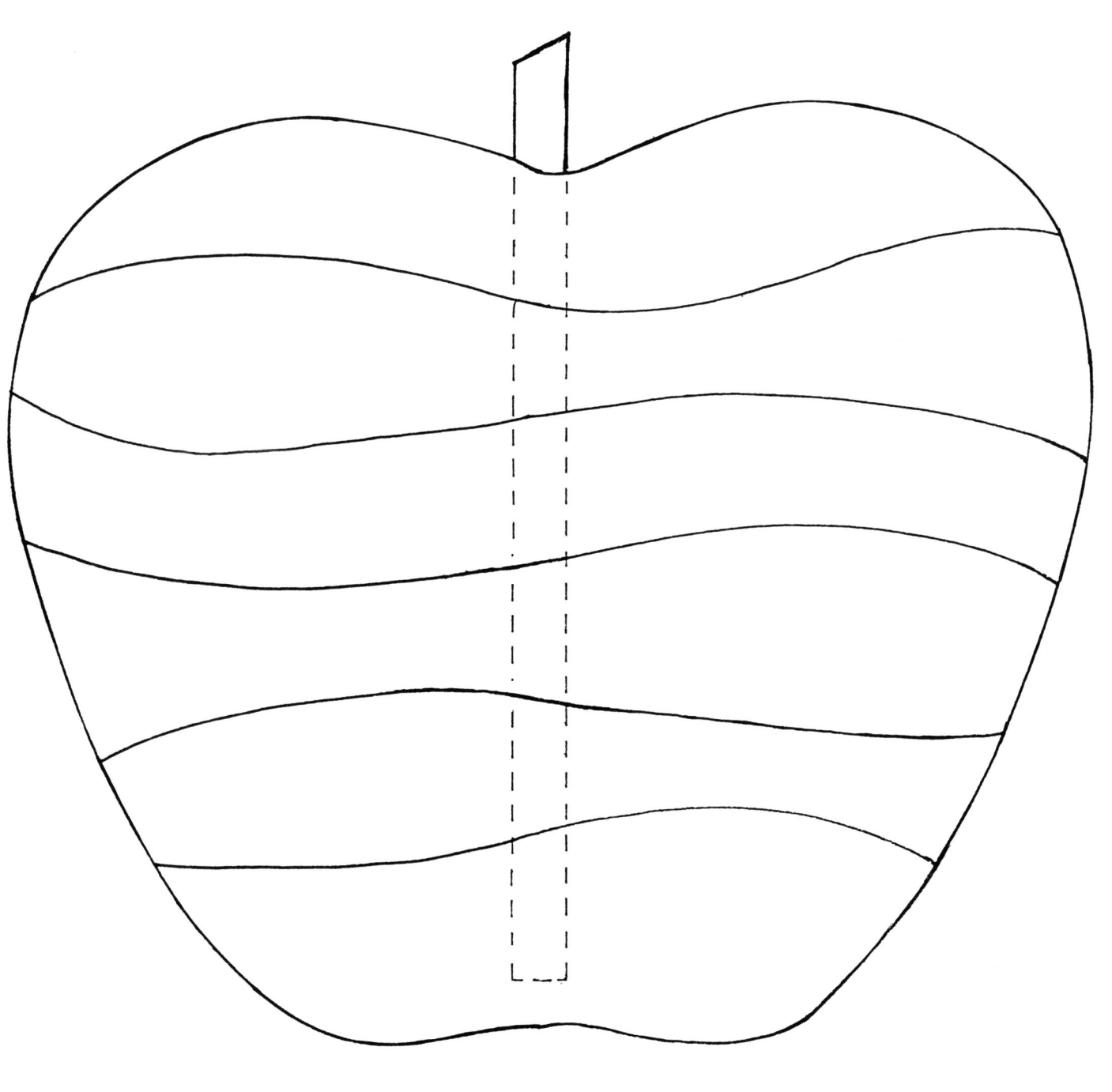

Abbildung 156 Vorlage für den Apfel.

Abbildung 157
Das für dieses Puzzle erforderliche Material muß mindestens 30 mm stark sein. Ein vertikales Dübelholz verbindet die Teile und hält sie zusammen. Das oberste und unterste Stück kann so gebohrt werden, daß das Dübelholz nach der Baukastenmethode stramm hineinpaßt. Für diesen Indianer wurde ein Dübelholz mit geschlitzten Enden von 10 mm Durchmesser benutzt. Bohren Sie ein Loch von 10 mm Durchmesser in Kopf und Fuß und eine 11-mm-Bohrung durch alle anderen Teile.

Abbildung 158
Das Aussägen der Teile für den Indianer. Sie erkennen deutlich das zuvor gebohrte Loch für das durchgehende Dübelholz, das senkrecht durch das Puzzle läuft.

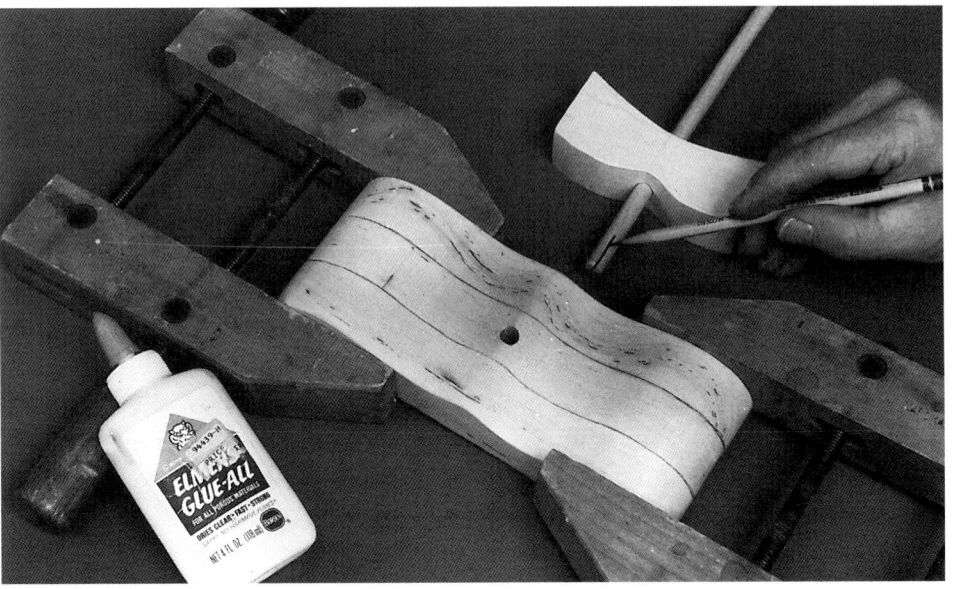

Abbildung 159
Die Basis des Indianers wird aus drei Holzstücken gesägt und dann zusammengeleimt. Beachten Sie die geschlitzten Enden des Dübelholzes. Alle Bauteile müssen sich leicht über das Dübelholz schieben lassen. Nur Kopf- und Fußstück haben Paßbohrungen.

Abbildung 160 Vorlage für den Indianer.

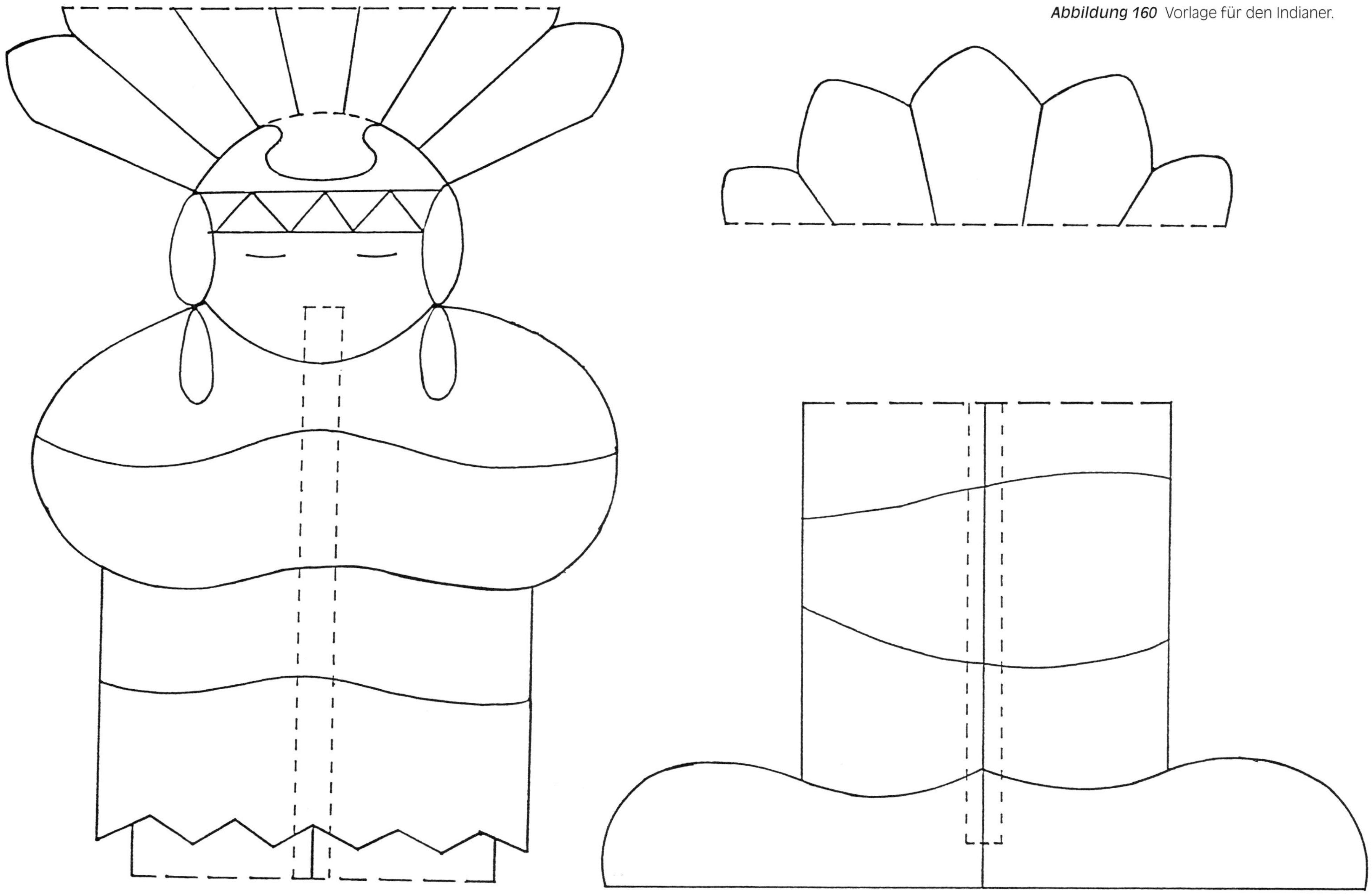

Abbildung 161 Diese beiden kniffligen Standpuzzles werden in Kapitel 7 besprochen.

7
Einlegepuzzles zum Spielen und Lernen

Einlegepuzzles – auch Einsetz- oder Rahmenpuzzles genannt – werden aus zwei Lagen von dünnem Plattenwerkstoff hergestellt. Die Puzzleteile werden aus dem obenliegenden Stück geschnitten, und der äußere Rahmen wird fest mit Grundplatte verleimt.

Für die Puzzleteile verwenden wir gern hochwertigere Hartholz-Furnierplatten, wie 6 mm starke Birken-Furnierplatten. Als Grundplatte lassen sich dagegen preiswerte Materialien – wie Meranti, Fichte oder Hartkarton – benutzen, wenn man die Kosten niedrig halten will. Billigere Einlegepuzzles werden aus minderwertigem und dünnerem Plattenwerkstoff, hochwertigere Puzzle dagegen aus gutem Material gefertigt, sauber verarbeitet und oberflächenbehandelt. Alle scharfen Ecken und Kanten müssen aus Sicherheitsgründen und der Lebensdauer wegen gut abgeschliffen und gerundet sein. Auf scharfen Ecken hält sich Lack nicht gut, sie sind nicht haltbar und neigen überdies bei starker Beanspruchung zum Splittern.

Mit Hilfe der Stapelschnittechnik lassen sich ziemlich einfach Einlegepuzzles in größeren Mengen produzieren. Sie benötigen eine gut schneidende Feinschnittsäge mit einer Schnittiefe zwischen 40 und 50 mm. Sie können jedoch beinahe jede Feinschnittsäge benutzen, wenn Sie nur ein oder zwei Einlegepuzzles auf einmal herstellen wollen, da sich das Material normalerweise sehr leicht schneiden läßt.

Viele der auf den folgenden Seiten präsentierten Entwürfe und Vorlagen für Einlegepuzzles können in ihrem Schwierigkeitsgrad verändert werden und sind dann von den Kindern je nachdem leichter oder schwerer zusammenzusetzen. Dies erreichen Sie, indem Sie einzelne Puzzleteile vereinigen. Sie erhalten auf diese Weise größere, insgesamt aber weniger Teile. Genauso können Sie aber auch Puzzleteile weiter unterteilen, um so kleinere und mehr Teile zu bekommen. Auf den entsprechenden Fotos läßt sich gut erkennen, wo wir den Einstich zum Sägeschnittanfang gemacht haben.

Sicherlich befindet sich in Ihrer Nähe ein Kopiergerät. Fertigen Sie am besten eine Kopie unserer Vorlage an und befestigen Sie sie provisorisch auf dem Werkstück. Sie können auch eine Pause der Vorlage anfertigen und diese entweder auf dem Werkstück befestigen oder die Schnittlinien mit Kohle- bzw. Graphitpapier auf das Holz übertragen.

Techniken und Tips, die sich auf die Fertigbearbeitung und Bemalung von Puzzles beziehen, entnehmen Sie bitte Kapitel 9.

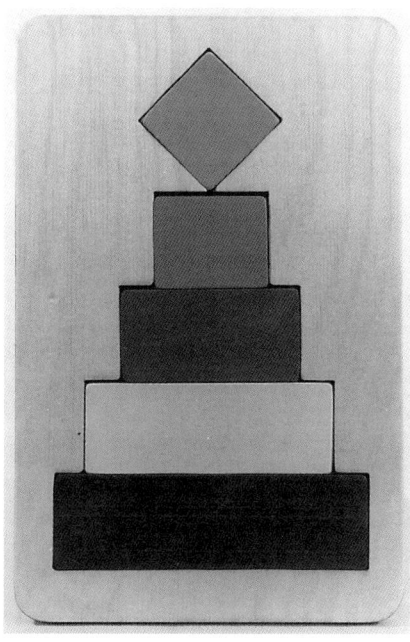

Abbildung 162 Puzzle aus übereinandergestapelten Bauklötzen.

Abbildung 163 Tulpenpuzzle. Die Stengel sind nicht ausgesägt, sondern aufgemalt, damit besitzt das Puzzle fünf Teile.

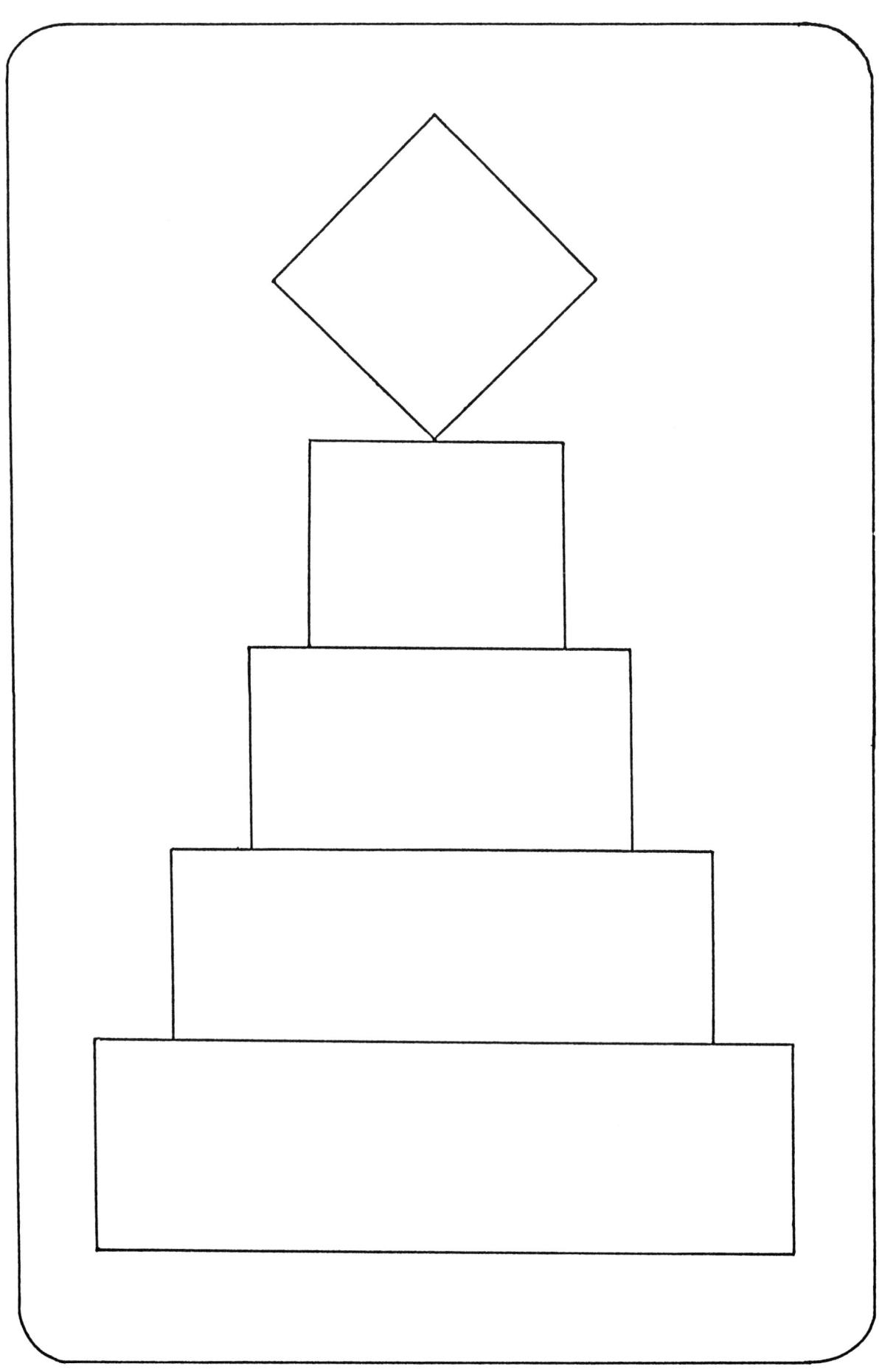

Abbildung 164 Vorlage für das Einlegepuzzle mit Bauklotzteilen.

Abbildung 165 Tulpenmotiv.

Abbildung 166 Das kleine Walpuzzle hat sechs, das größere nur vier Teile.

Abbildung 167 Vorlage für den kleinen Wal.

Abbildung 168
Vorlage für den größeren Wal.

Abbildung 169 Dieses Regenbogenherz besteht aus sechs Teilen.

Abbildung 170
Vorlage für das Herz.

Abbildung 171 Achtteiliges Apfelpuzzle mit Regenbogenmuster. Beachten Sie die sauber abgerundeten Kanten.

Abbildung 172
Vorlage für den Apfel.

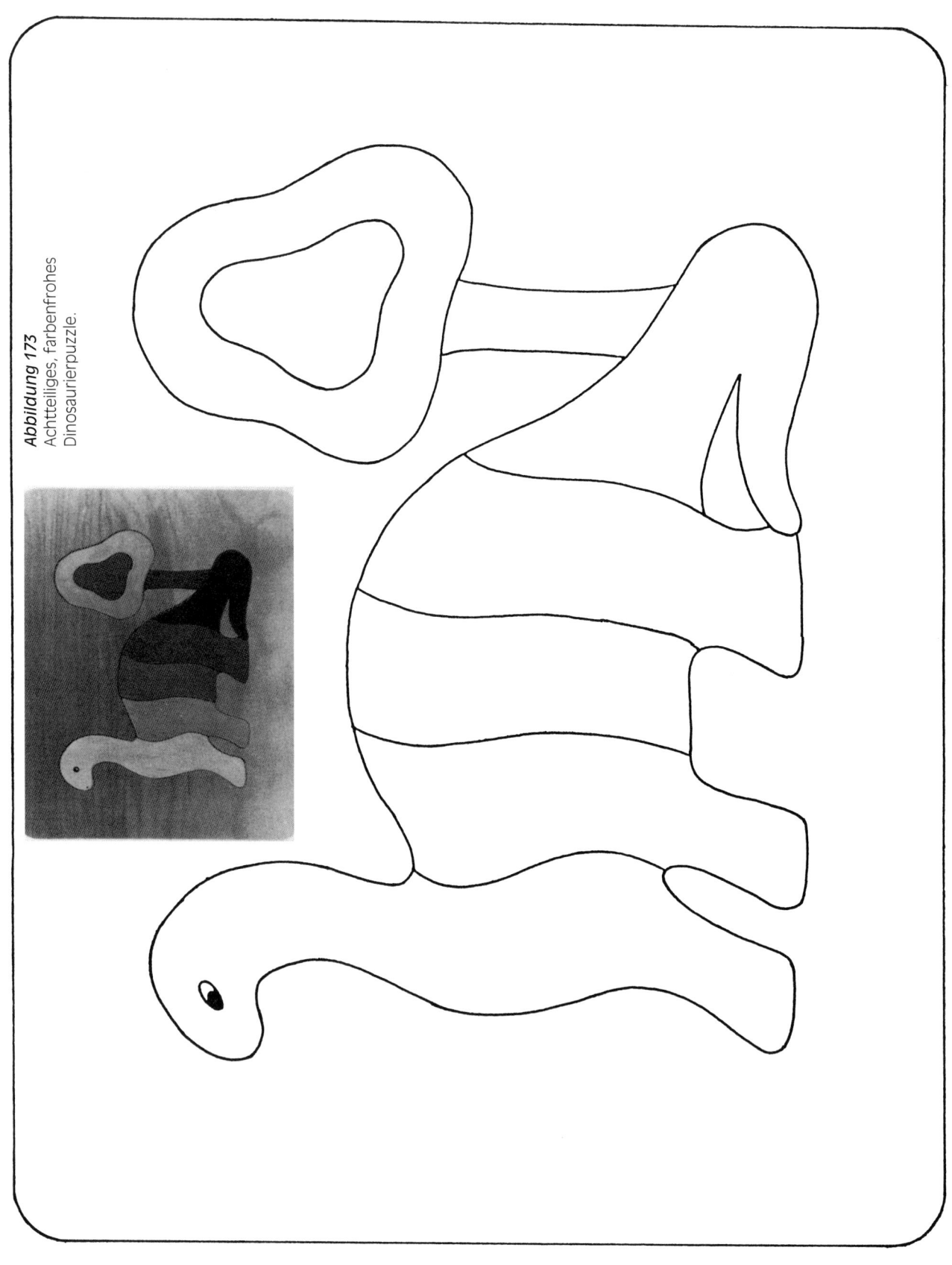

Abbildung 173
Achtteiliges, farbenfrohes Dinosaurierpuzzle.

Abbildung 174
Vorlage für den Dinosaurier.

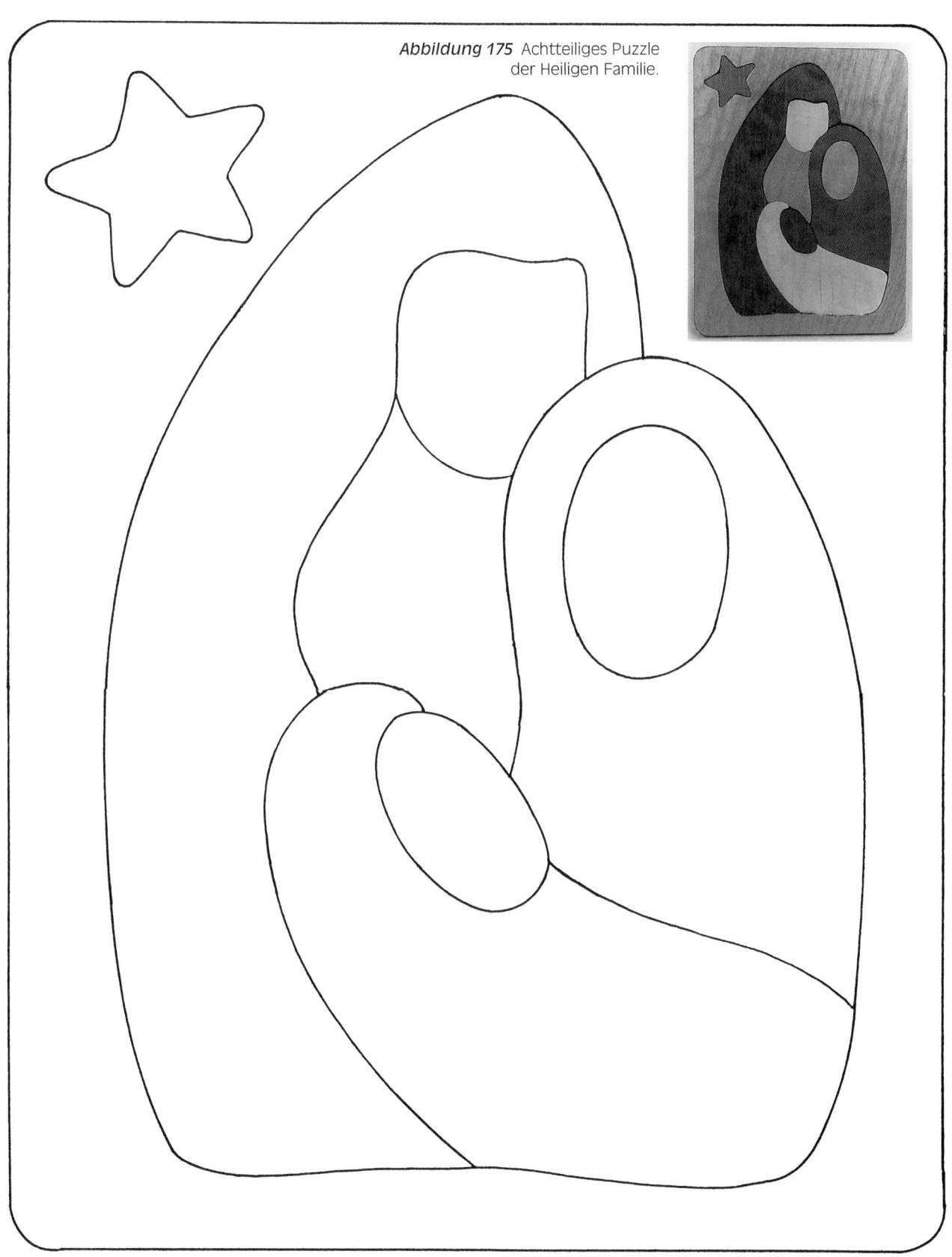

Abbildung 175 Achtteiliges Puzzle der Heiligen Familie.

Abbildung 176 Vorlage für das Puzzle der Heiligen Familie.

Abbildung 177 Dieses Bärenpuzzle hat nur sieben Teile.

Abbildung 178 Vorlage für den Bären.

Abbildung 179 „Raggy Ann" besteht aus fünf Teilen.

Abbildung 180 Vorlage für die „Raggy Ann".

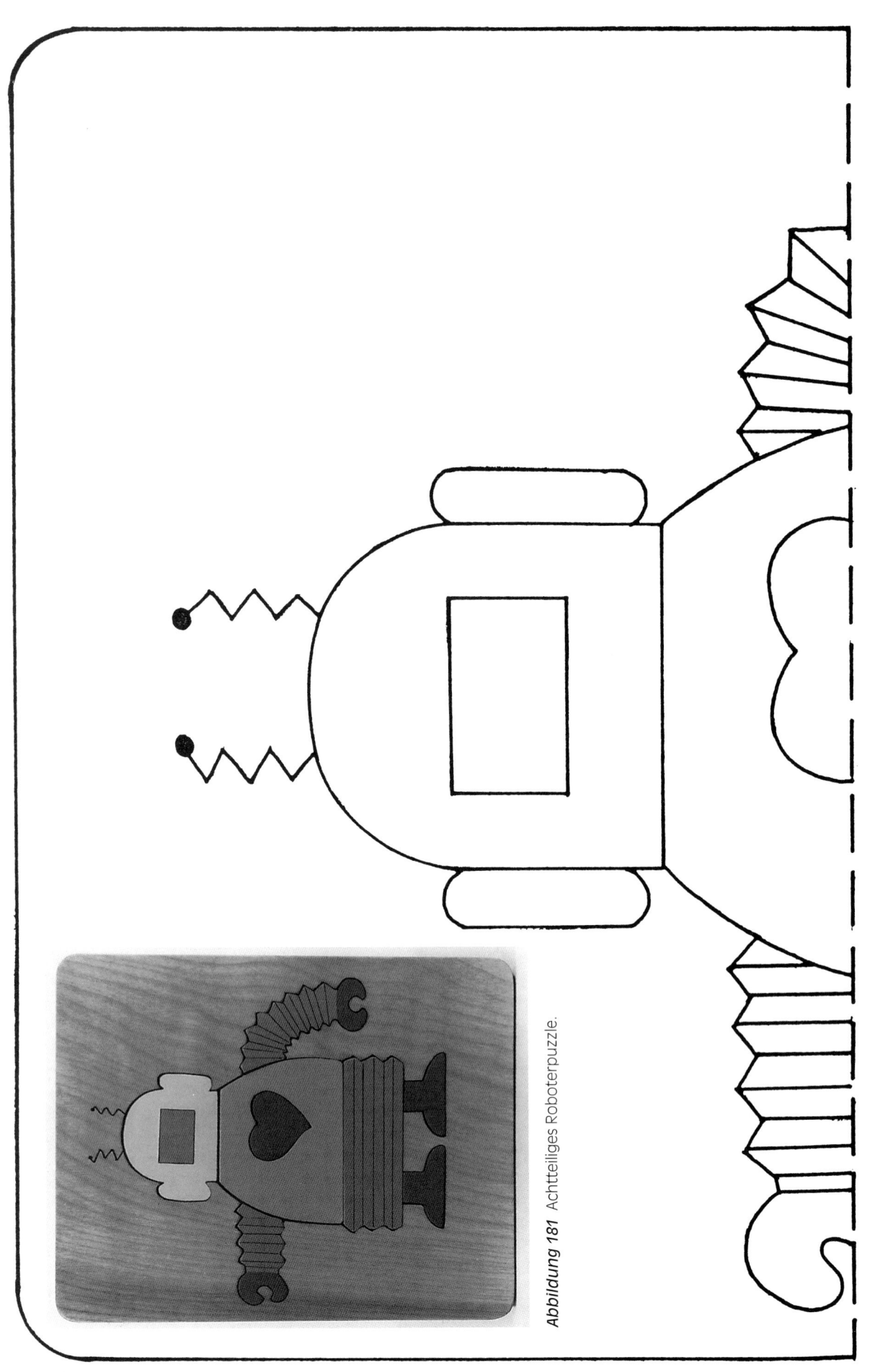

Abbildung 181 Achtteiliges Roboterpuzzle.

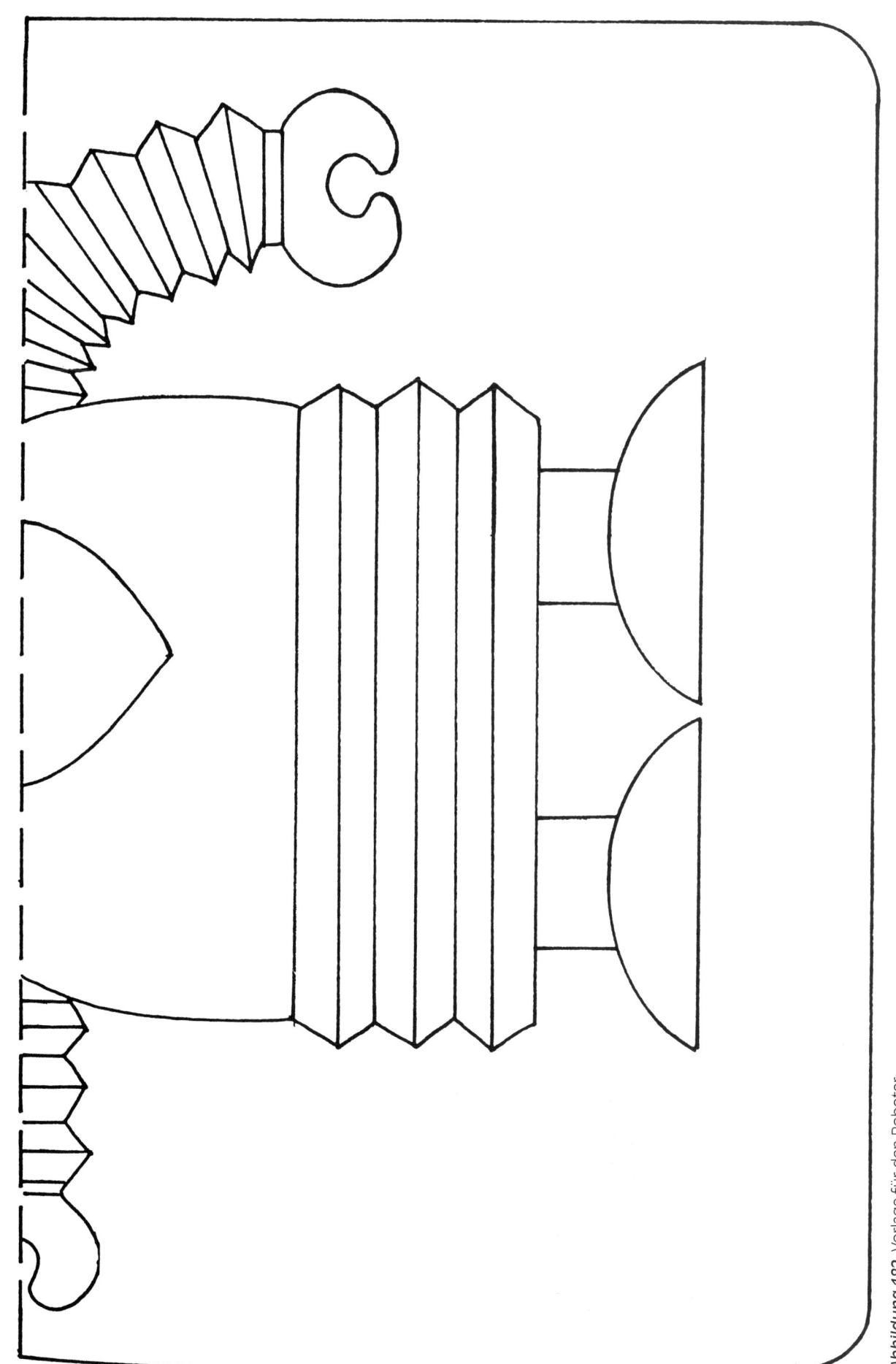

Abbildung 182 Vorlage für den Roboter.

Abbildung 183 Dieses Formenpuzzle wurde in 10 Teile zerlegt, wobei die Buchstaben miteinander verbunden blieben („shapes" = Formen).

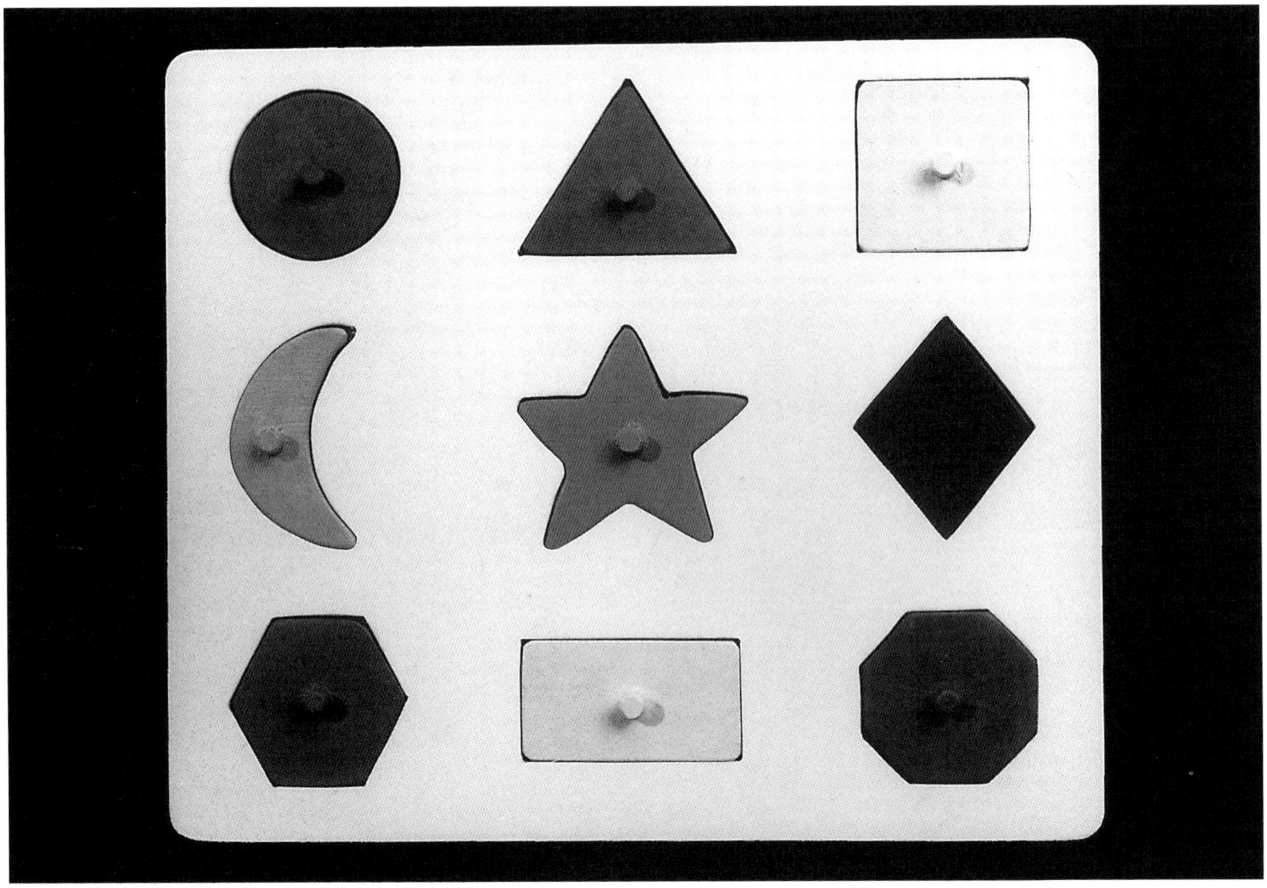

Abbildung 184 Dieses neunteilige Formenpuzzle ist mit kleinen Griffen aus 6 mm starken Dübelhölzern versehen worden, die mit Zwei-Komponenten-Kleber in die Löcher in jedem Einzelteil geleimt wurden.

Abbildung 185
Vorlage für das Formenpuzzle in Abbildung 183.

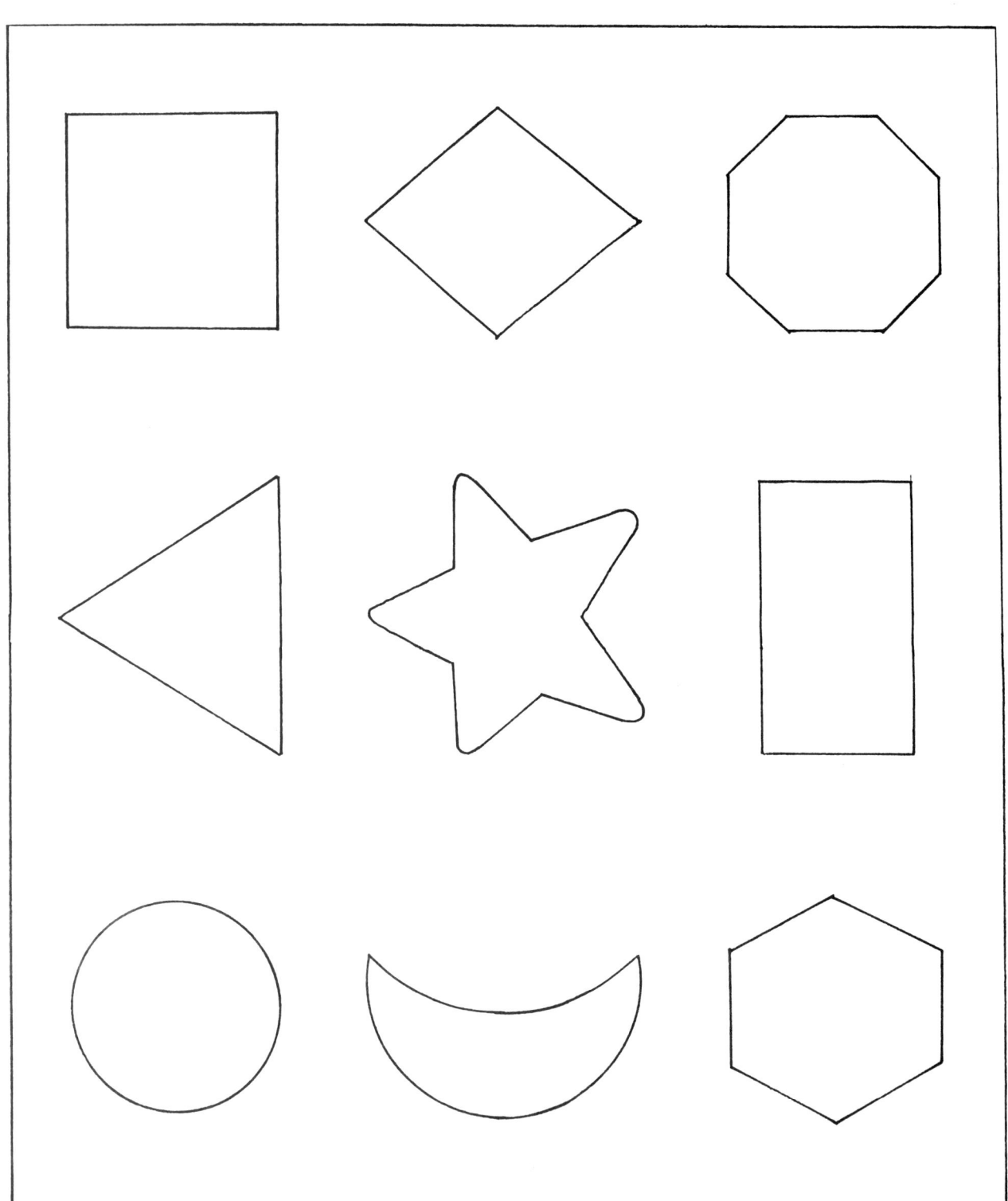

Abbildung 186
Vorlage für das zweite Formenpuzzle in Abbildung 184.

Abbildung 187 Das Clownsgesichtpuzzle wird aus einer Nußbaum-Furnierplatte gemacht. Der Hut besteht aus zwei Teilen. Das ganze Puzzle besitzt 10 Teile, diese Zahl können Sie aber leicht erhöhen. Die Lippen werden einfach durch einen Sägeschnitt getrennt. Die Hutfalten sind aufgemalt.

Abbildung 188 Vorlage für das Clownsgesicht.

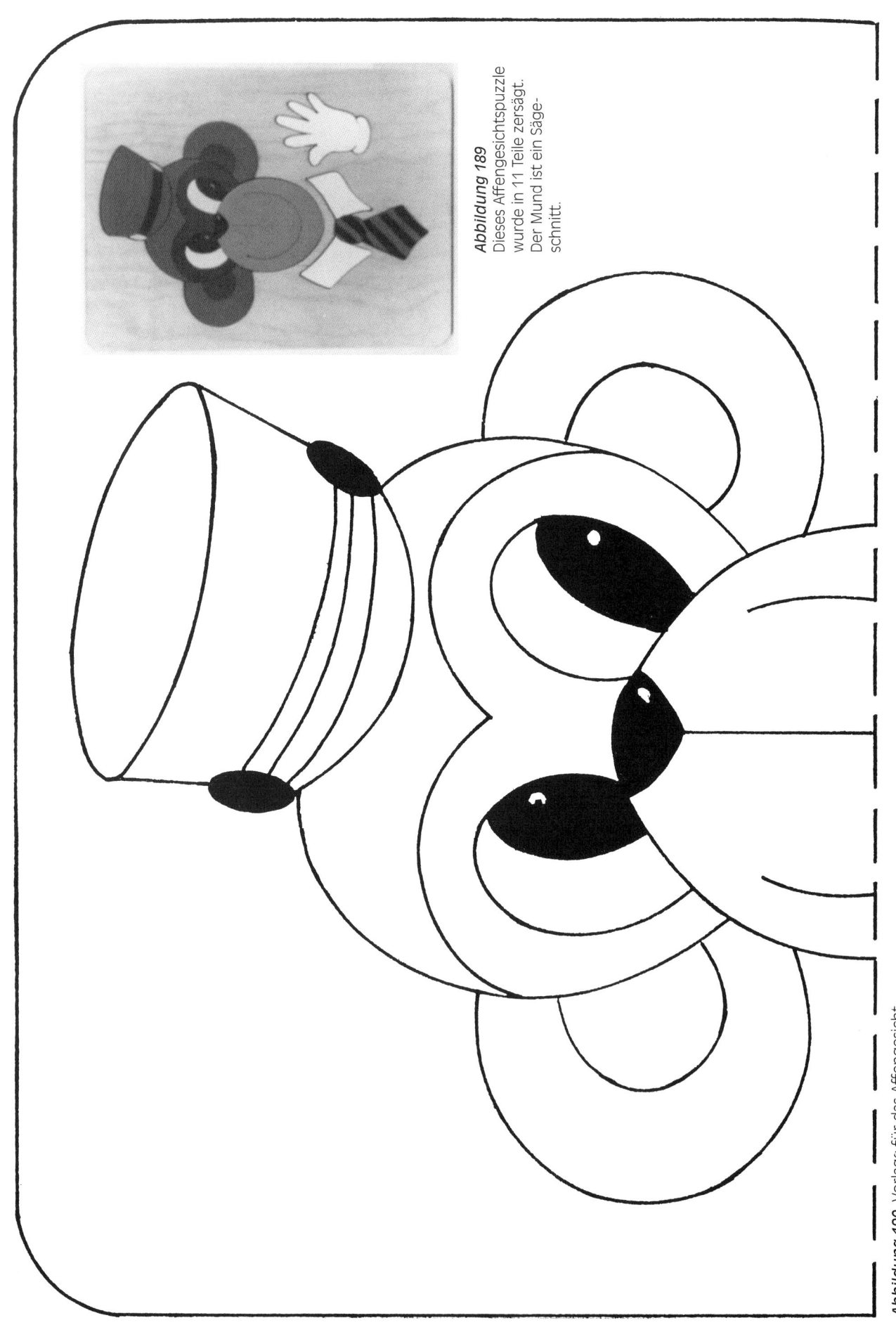

Abbildung 189
Dieses Affengesichtspuzzle wurde in 11 Teile zersägt. Der Mund ist ein Sägeschnitt.

Abbildung 190 Vorlage für das Affengesicht.

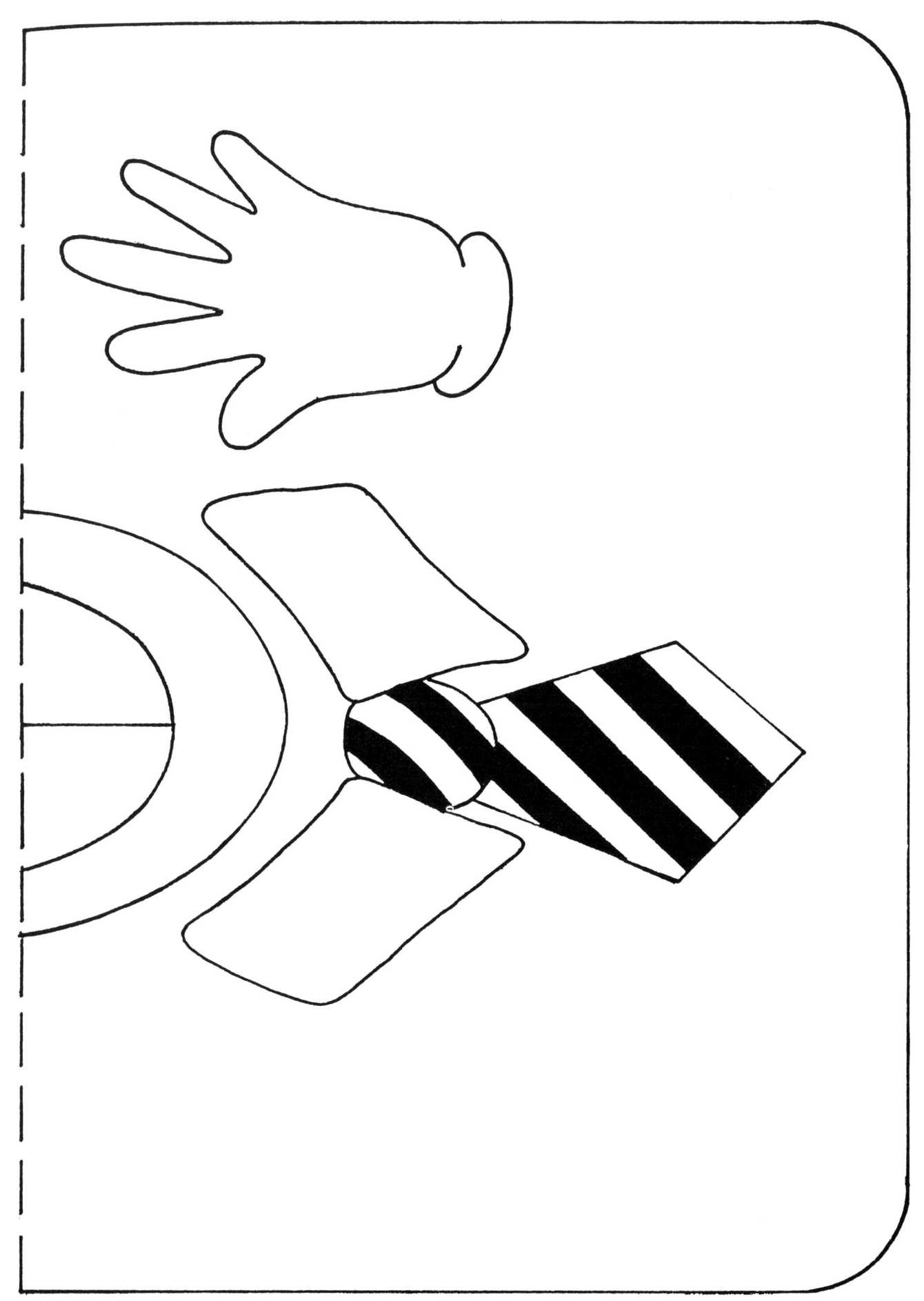

Abbildung 191 Das „Ente in der Pfütze"-Puzzle hat 11 Teile. Die Tropfen und kleinen Kreise im Wasser sind aufgemalt.

Abbildung 192 Vorlage für das „Ente in der Pfütze"-Puzzle.

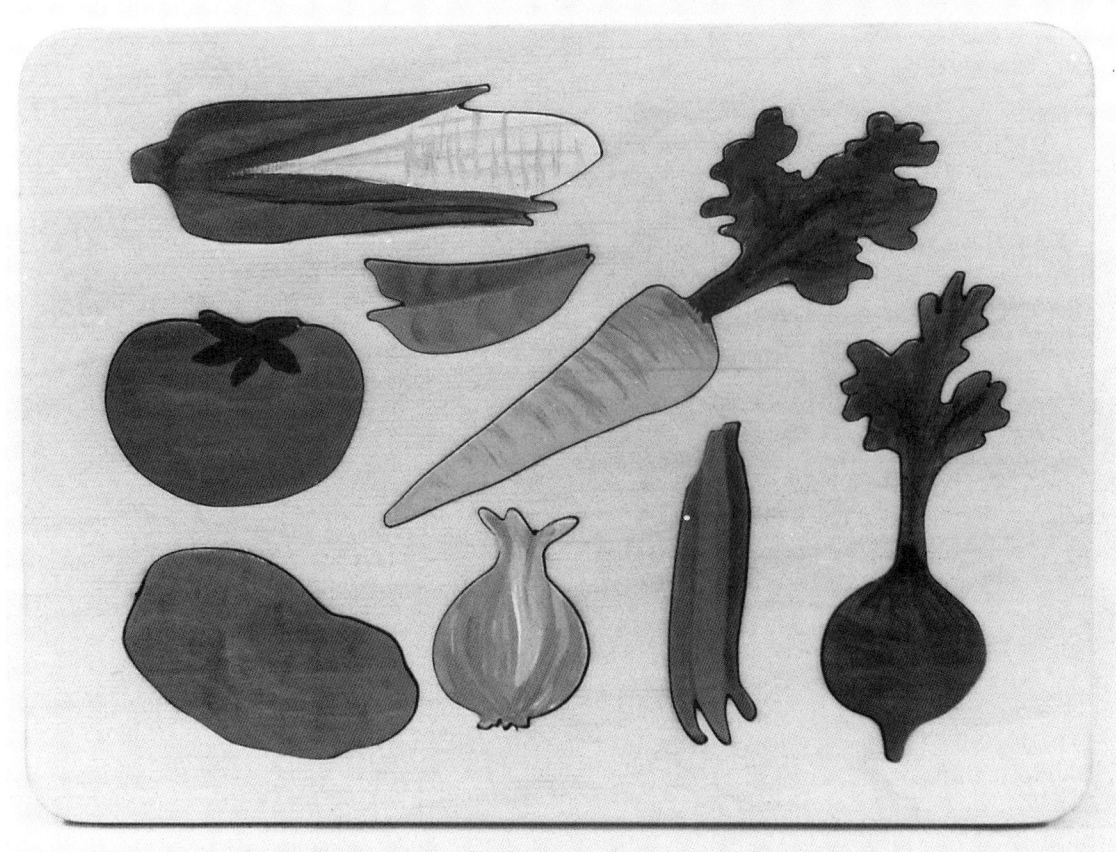

Abbildung 193 Achtteiliges Gemüsepuzzle.

Abbildung 194 Siebenteiliges Fruchtpuzzle.

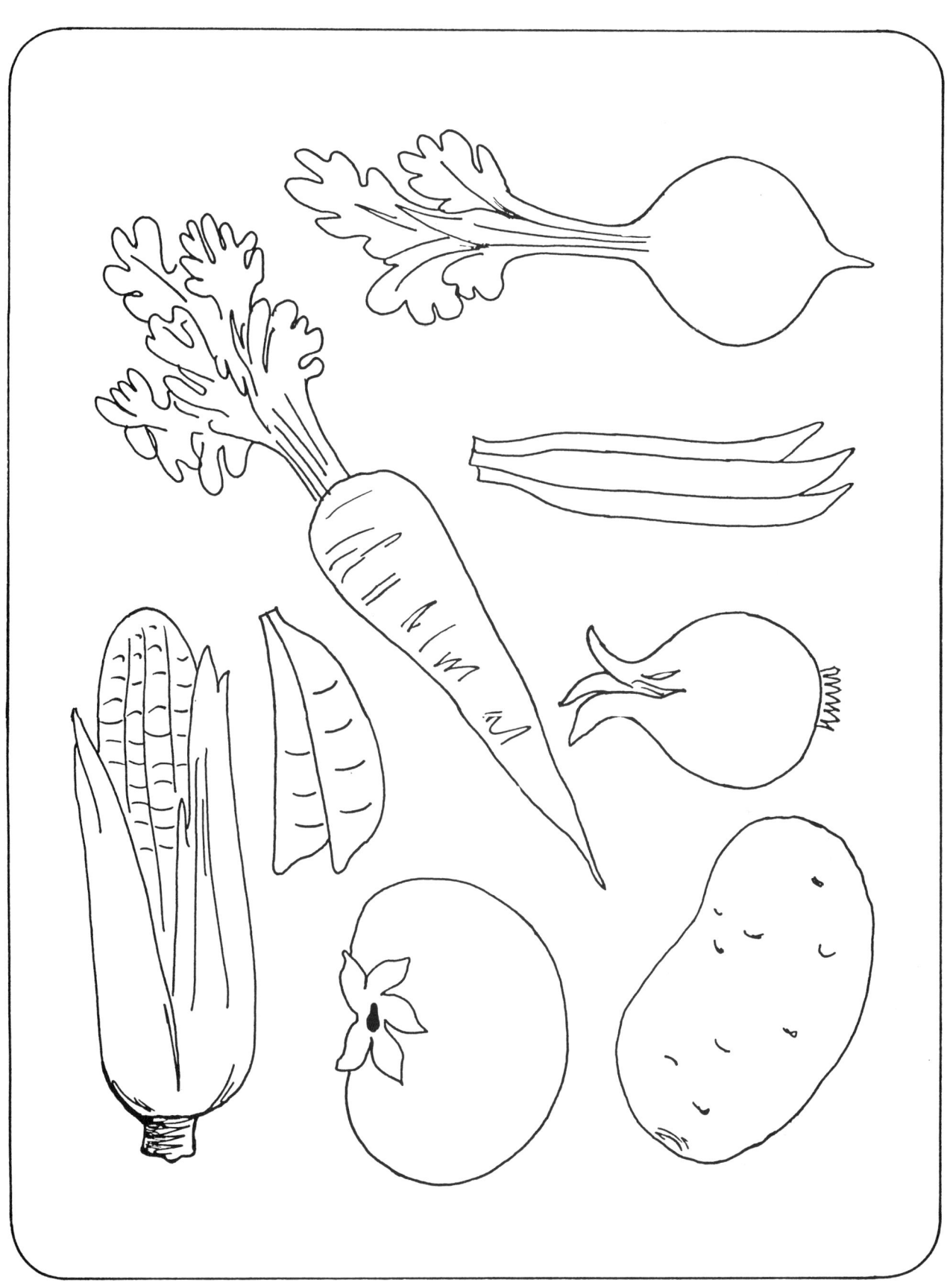

Abbildung 195
Vorlage für das Gemüsepuzzle.

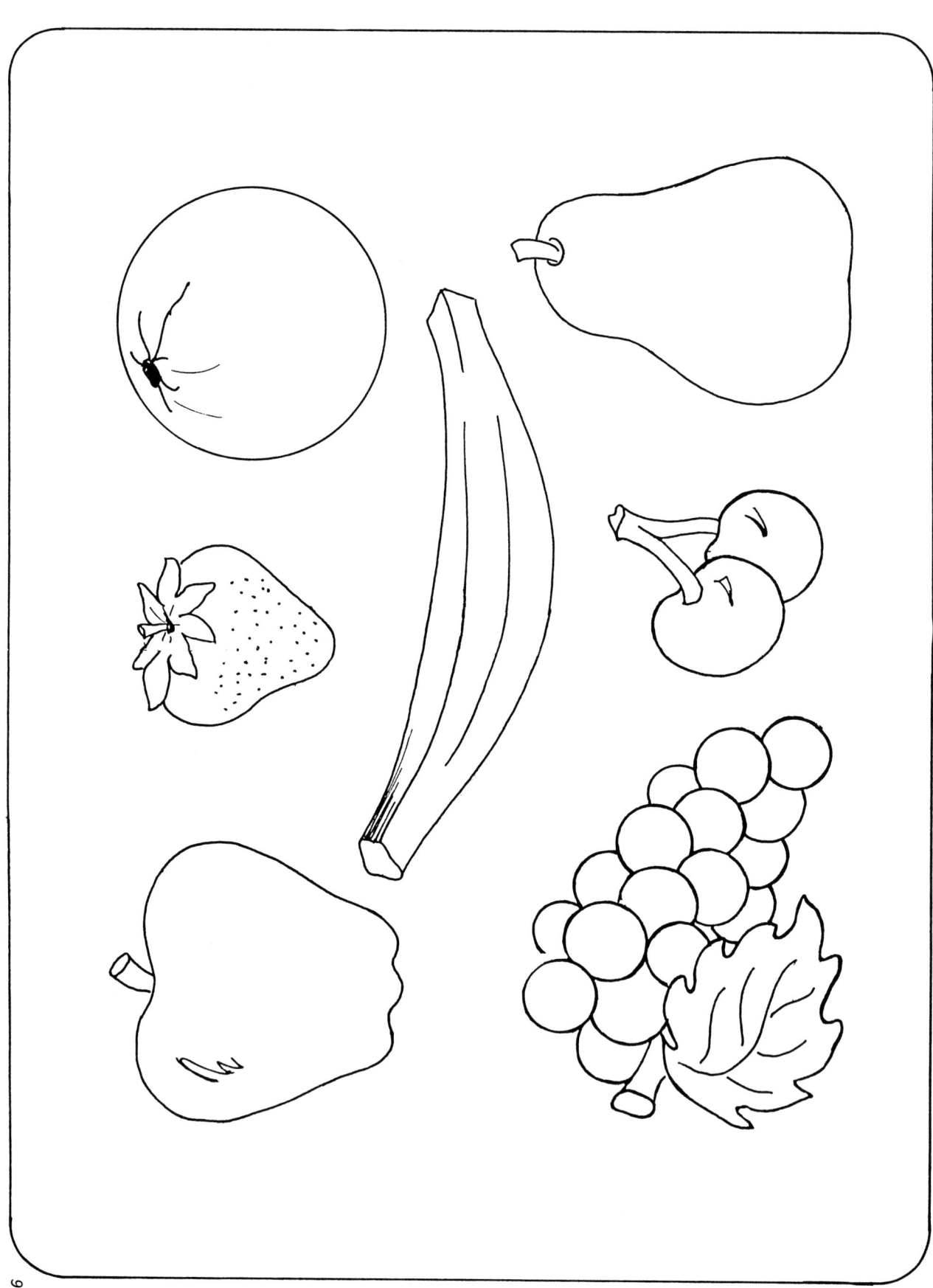

Abbildung 196
Vorlage für das Fruchtpuzzle.

Abbildung 197 Das beliebte Fischpuzzle hat 10 Teile.

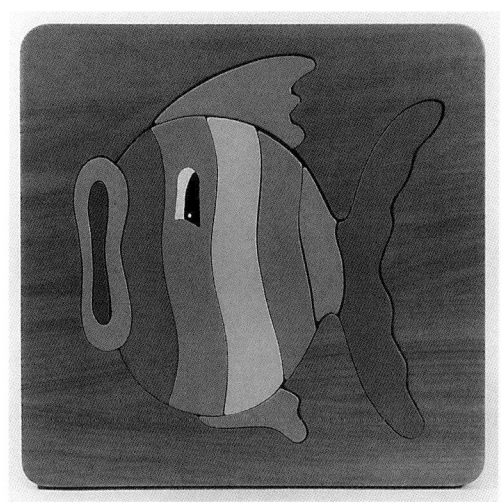

Abbildung 198 Vorlage für den Fisch.

Abbildung 199 Dieses Puzzle eines Seelöwentrios hat 13 Teile.

Abbildung 200 Vorlage für das Puzzle des Seelöwentrios.

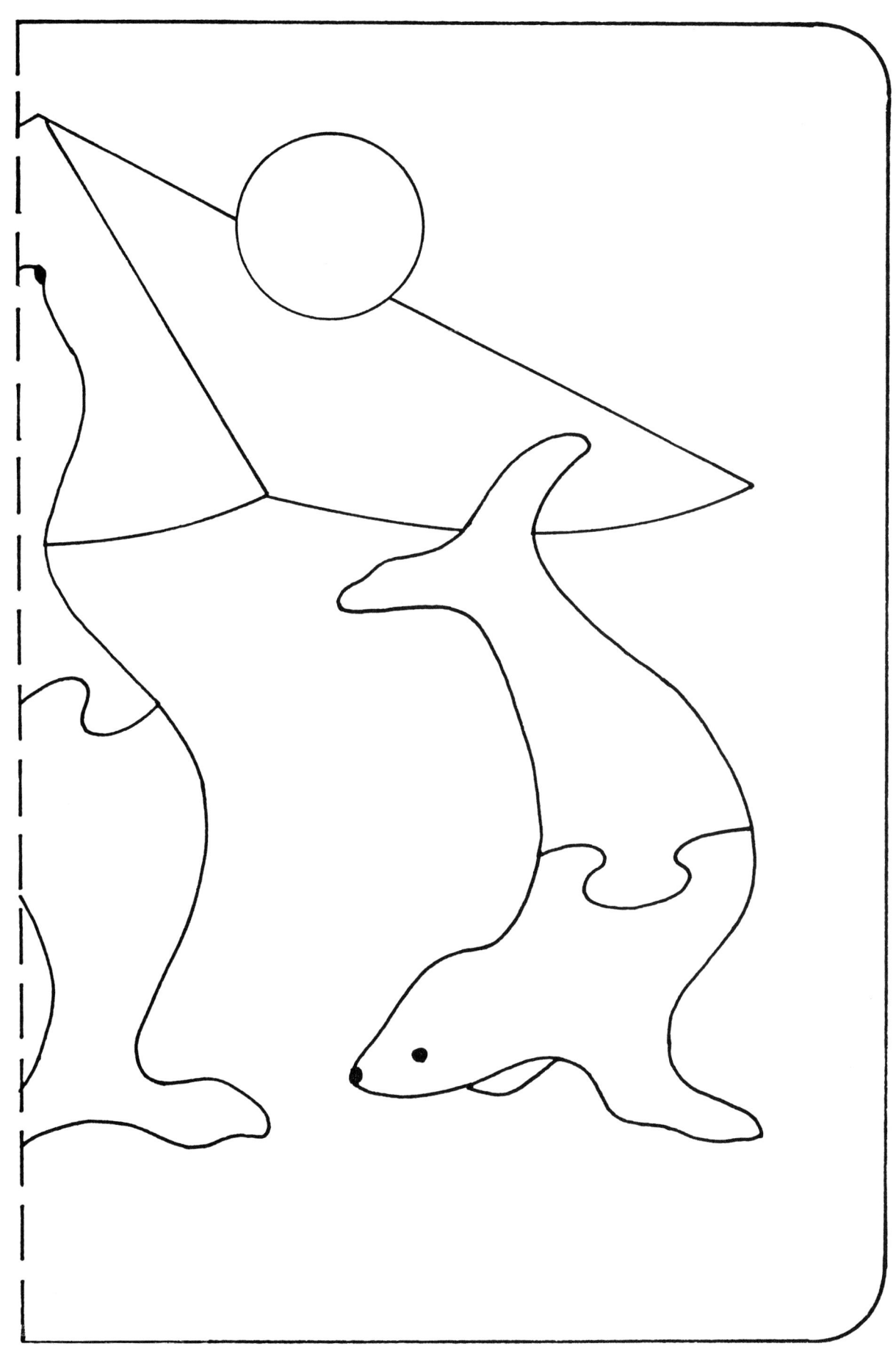

Abbildung 201 Für dieses Schmetterlingspuzzle benötigen Sie 11 Einfädellöcher, um die insgesamt 19 Teile auszusägen.

Abbildung 202 Vorlage für den Schmetterling.

Abbildung 203
Das Eulenpuzzle hat 15 Teile.

Abbildung 204 Vorlage für die Eule.

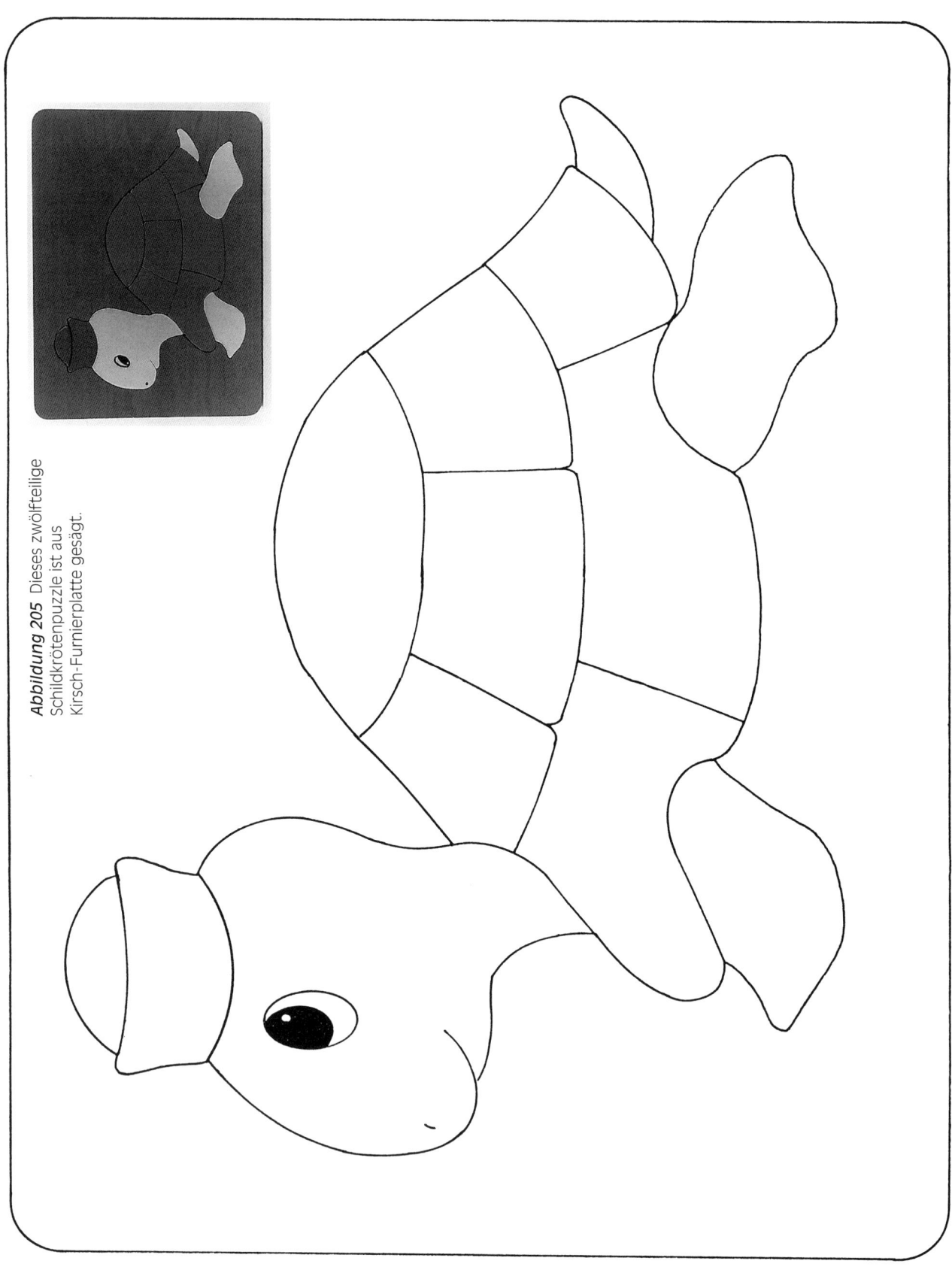

Abbildung 205 Dieses zwölfteilige Schildkrötenpuzzle ist aus Kirsch-Furnierplatte gesägt.

Abbildung 206 Vorlage für die Schildkröte.

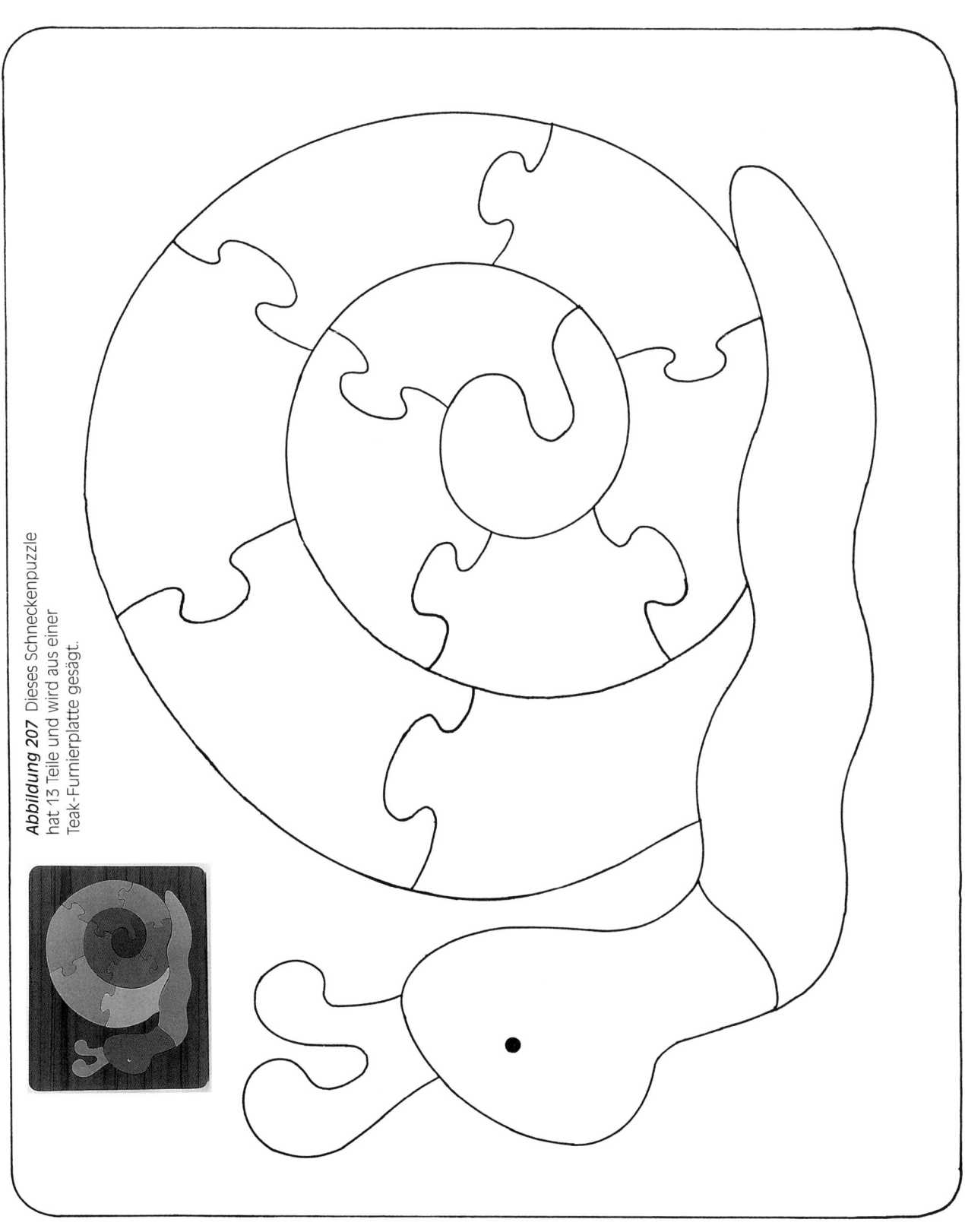

Abbildung 207 Dieses Schneckenpuzzle hat 13 Teile und wird aus einer Teak-Furnierplatte gesägt.

Abbildung 208 Vorlage für die Schnecke.

Abbildung 209
Das Taubenpuzzle hat nur sieben Teile.

Abbildung 210
Dieses hübsche Walpuzzle hat 19 Teile.

Abbildung 211
Das Tauben- und das Walpuzzle wurden übereinandergelegt, um dieses Doppelpuzzle herzustellen. Es wurden, einschließlich der Grundplatte, drei Lagen 6 mm starke Furnierplatten verwendet.

Abbildung 212 Vorlage für die Taube.

Abbildung 213 Vorlage für den Wal.

Abbildung 214
Dieses Zirkuselefantenpuzzle hat 19 Teile.

Abbildung 215 Vorlage für die Zirkuselefanten.

Abbildung 216
Dieses Puzzle einer Bärenfamilie hat 12 Teile.

Abbildung 217
Das Ballonpuzzle, bei dem man jeden beliebigen Namen einsetzen kann, hat 13 Teile (die Vorlagen für den Ballon und die Buchstaben finden sie auf den folgenden Seiten).

Abbildung 218
Vorlage für das Puzzle der Bärenfamilie.

Abbildung 219 Vorlage für den Ballon.

ABCDEFGHIJ KLMNOPQRST UVWXYZ

Abbildung 220 Alphabetvorlage, nach der Sie das Ballonpuzzle und andere mit Namen individuell und persönlich gestalten können.

Abbildung 221
Das Puzzle mit dem jonglierenden Clown wird in 14 Teile zerlegt.

Abbildung 222 Vorlage für das Puzzle mit dem jonglierenden Clown.

Abbildung 223 Zahlenpuzzle.

Abbildung 224 Dieses Puzzle mit den numerierten Bauklötzen hat nur 11 Teile.

Abbildung 225 Jeder Zahlenblock ist ein Teil. Die scharfen Kanten werden mit Lineal und Tuschestift gezogen.

Abbildung 226 Vorlage für das Zahlenpuzzle.

Abbildung 227 Vorlage für das Zahlenblockpuzzle.

Abbildung 228 Entwerfen Sie das ganz persönliche Puzzle „Name und Telefonnummer", benutzen Sie die Vorlagen 226 und 229. Vergrößern oder verkleinern Sie diese nach Wunsch.

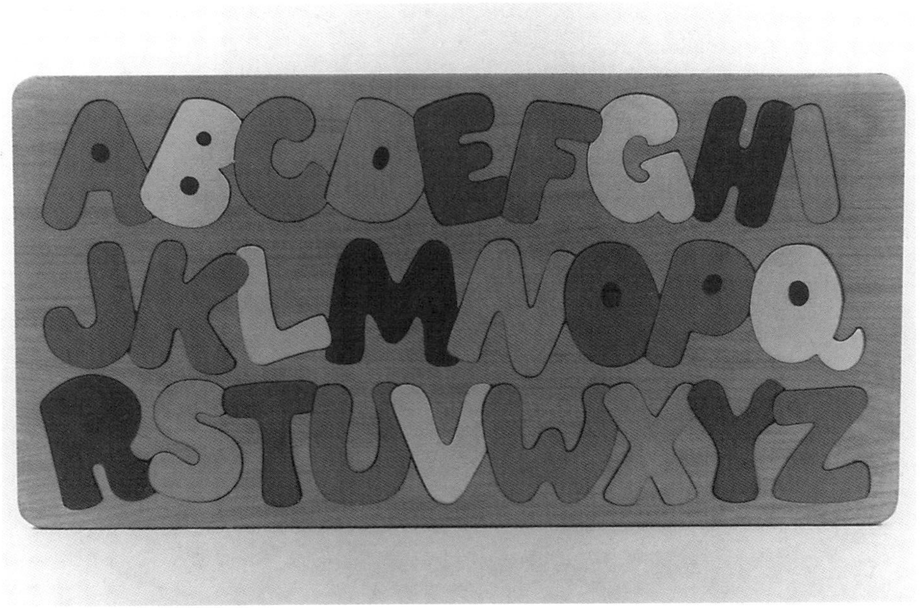

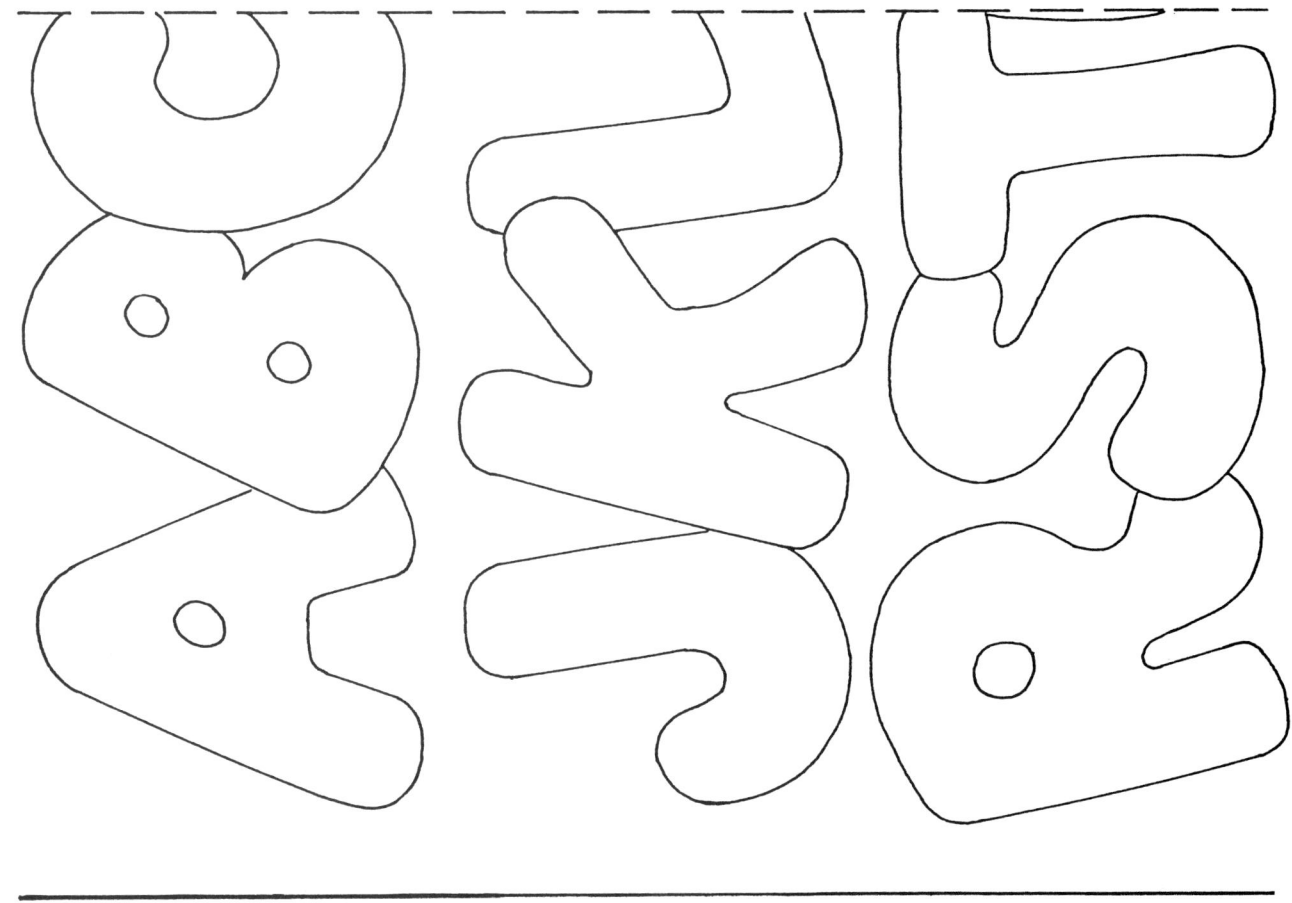

Abbildung 229 Das ist das klassische Alphabetpuzzle. Bleiben die Buchstaben – wie im Entwurf vorgesehen – verbunden, erfordert das Puzzle nur drei Einfädelbohrungen, dagegen 26 Bohrungen, wenn die Buchstaben getrennt werden.

Abbildung 230 Vorlage für das Alphabetpuzzle.

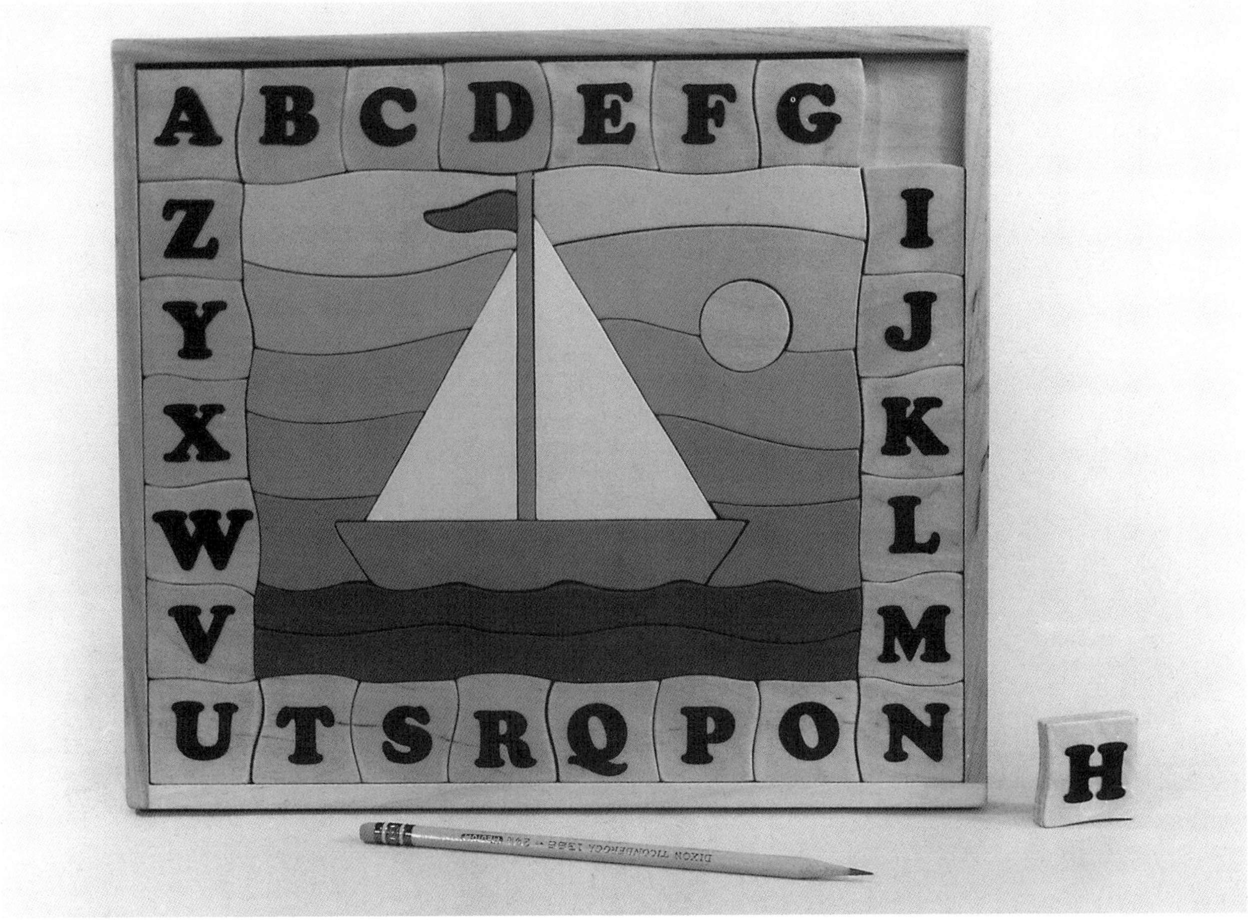

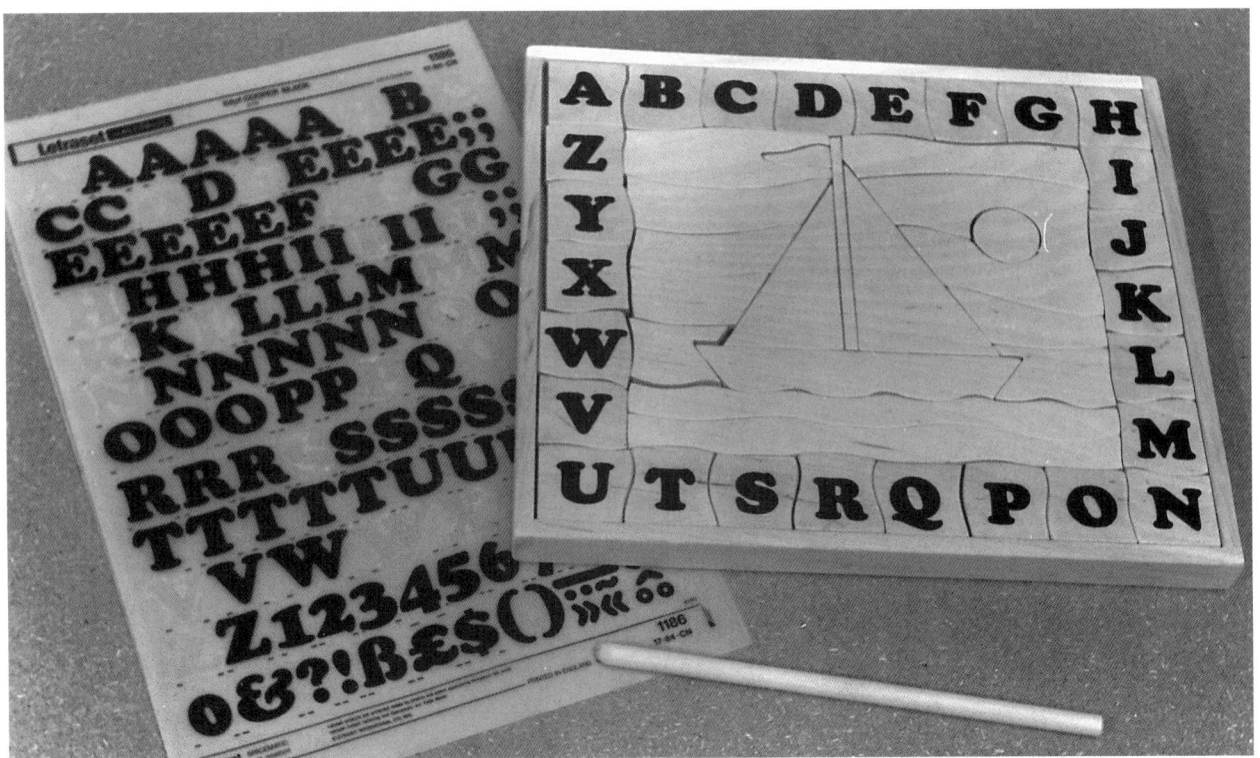

Abbildung 231 Hier ein schwieriges 44teiliges Alphabetpuzzle. Es wird aus zwei Lagen 10 mm starker Furnierplatten gemacht. Um die Kanten der unteren Furnierplatte wird ein Massivholzrahmen geleimt.

Abbildung 232 Kunstvolle Buchstaben können direkt auf das Holz aufgemalt oder als Rubbelbuchstaben aufgebracht werden. Diese sind allerdings unter Umständen nicht so dauerhaft.

Abbildung 233
Vorlage für das Alphabet mit Boot.

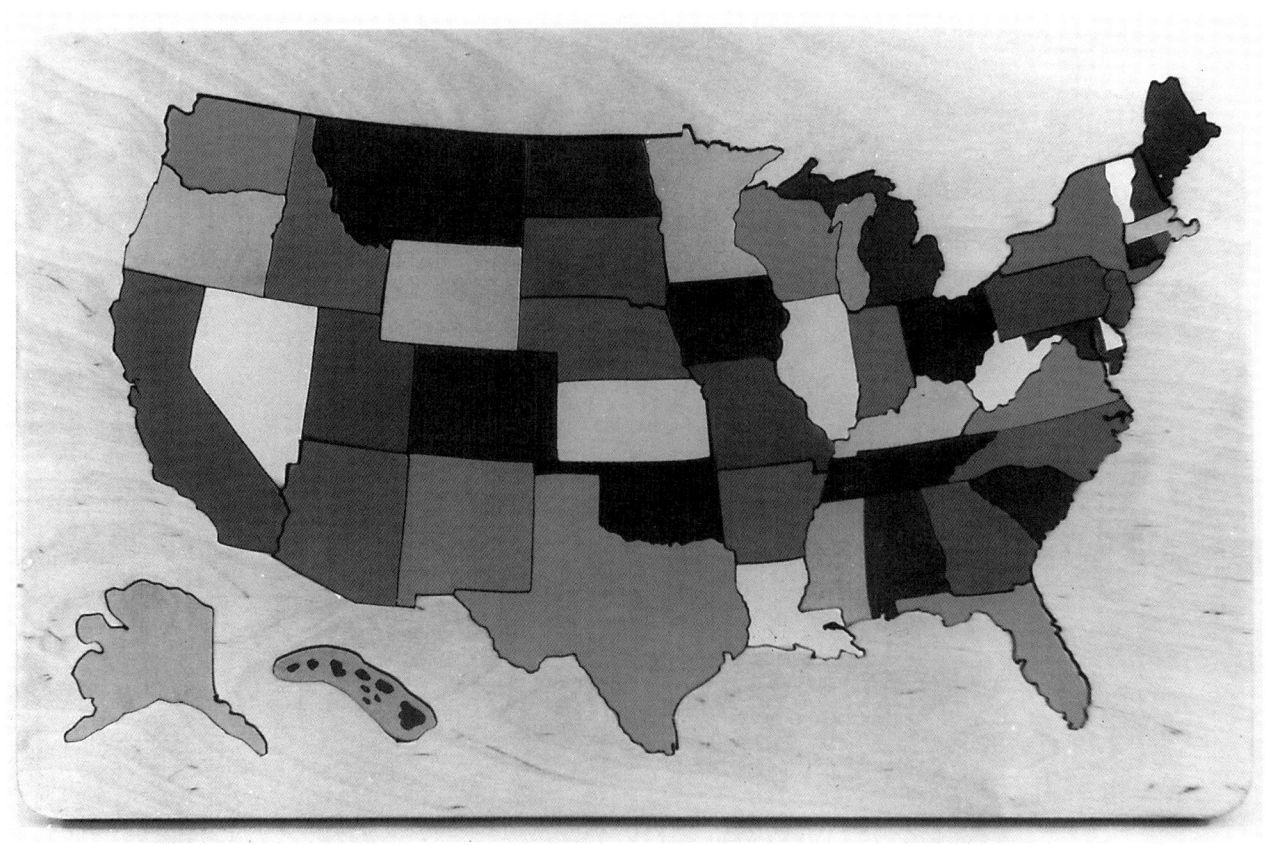

Abbildung 234 Karte der Vereinigten Staaten.

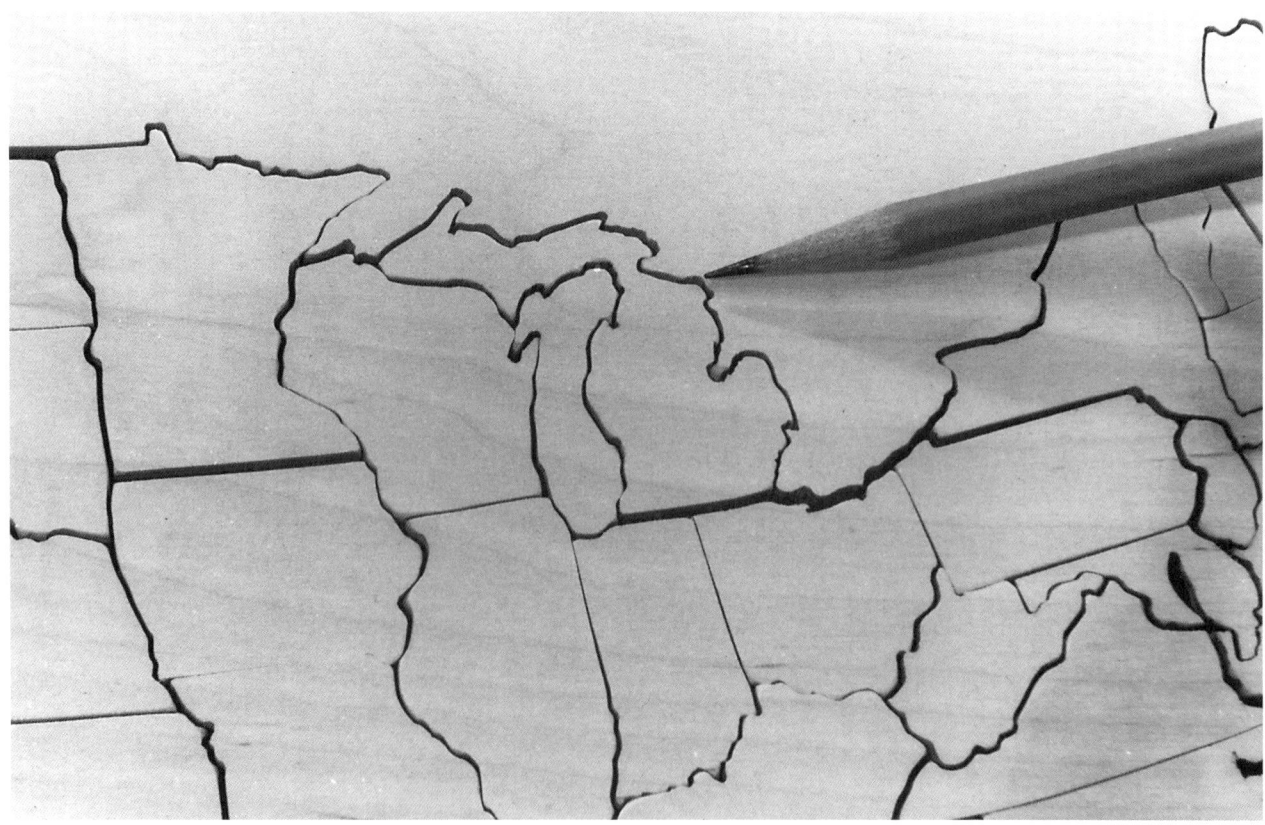

Abbildung 235 Ober- und Nieder-Michigan werden als einteiliger Staat verbunden. Der Michigansee kann als Extrateil ausgesägt oder auf die Grundplatte geleimt werden.

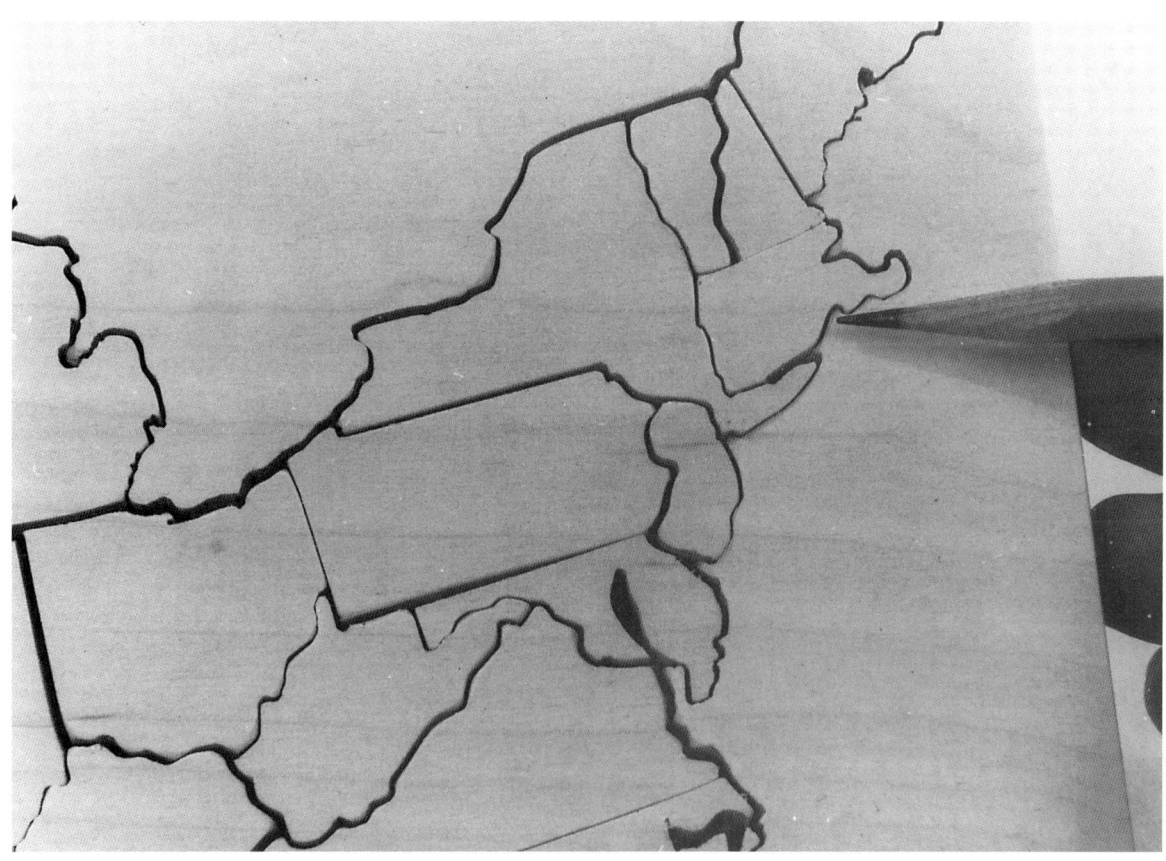
Abbildung 236 Einige der östlichen Staaten sind hier zusammengelegt, um extrem kleine Puzzleteile zu vermeiden.

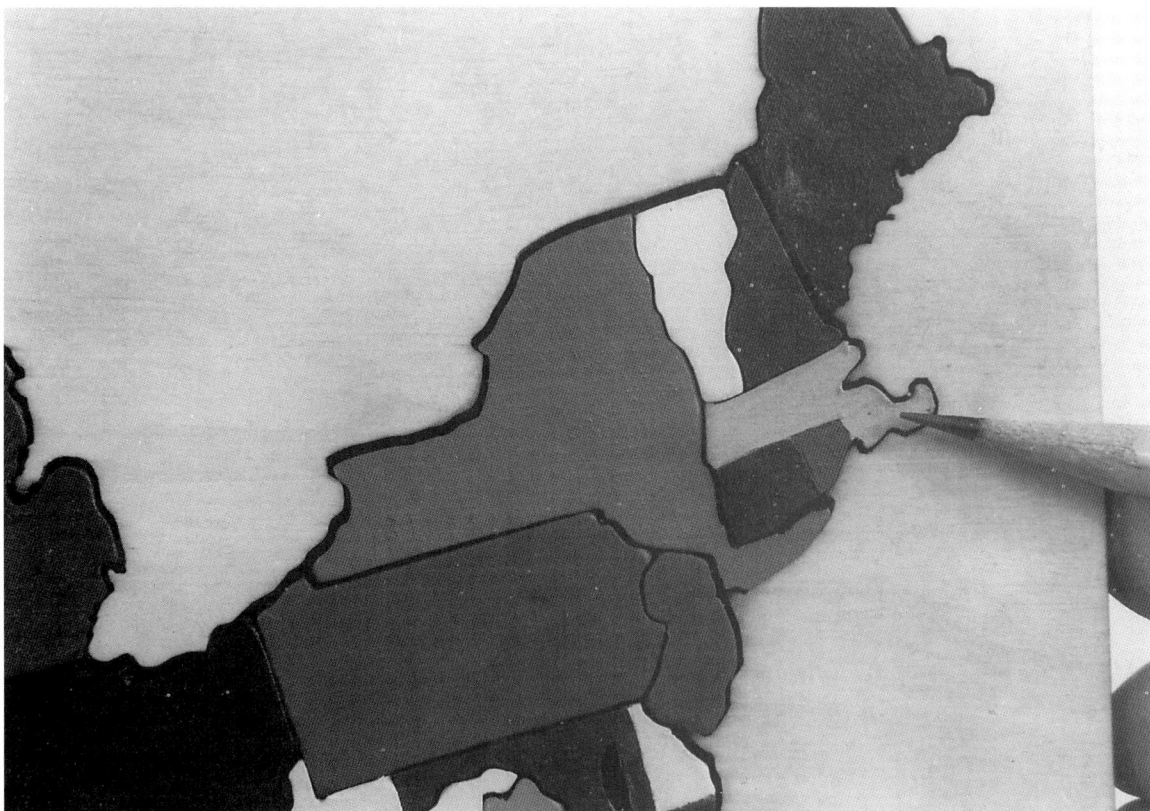
Abbildung 237 Massachusetts, Connecticut und Rhode Island werden jeweils in einer anderen Farbe koloriert, jedoch als ein Stück gesägt. Das gilt auch für Delaware und Maryland.

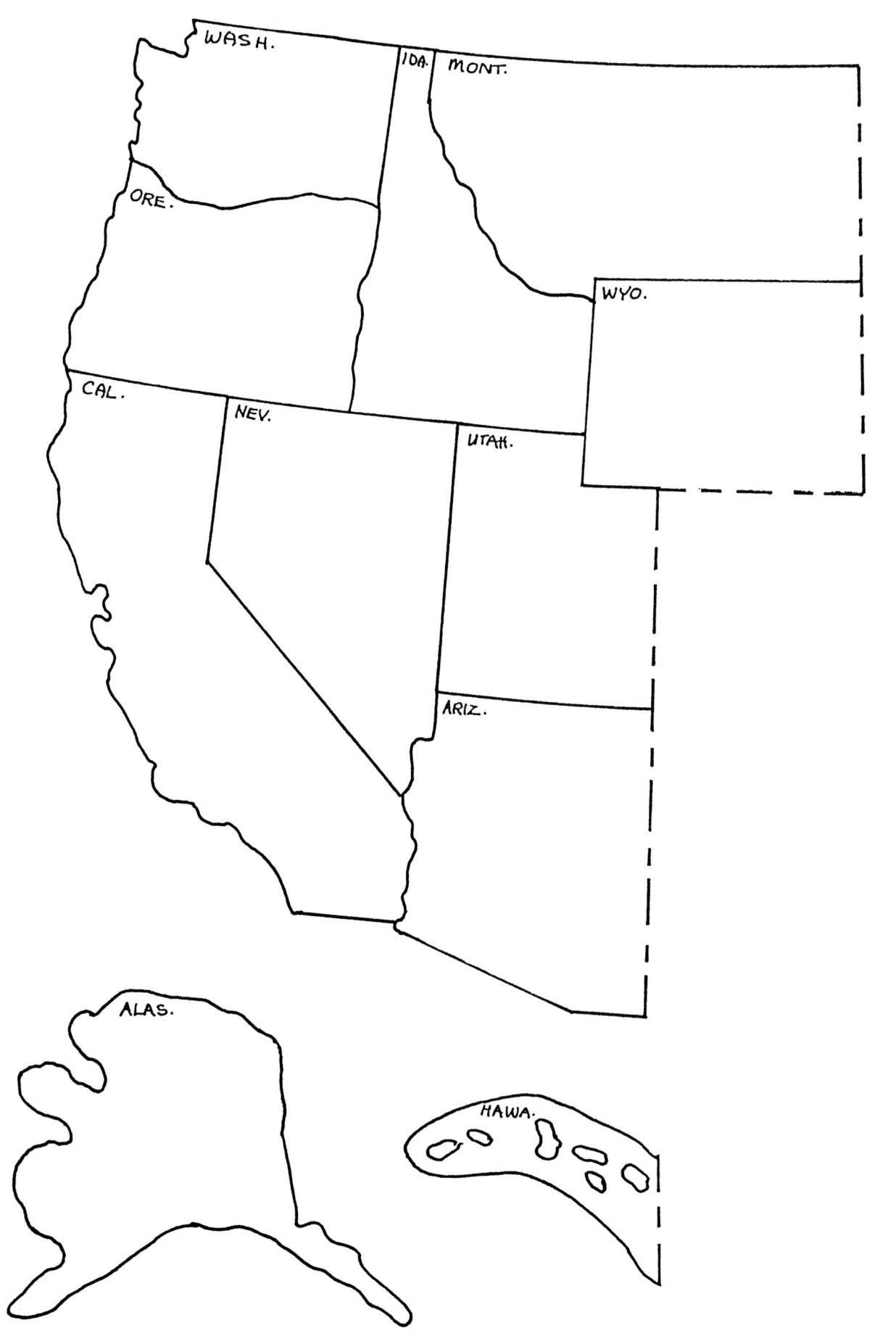

Abbildung 238 Vorlage für die Karte der Vereinigten Staaten.

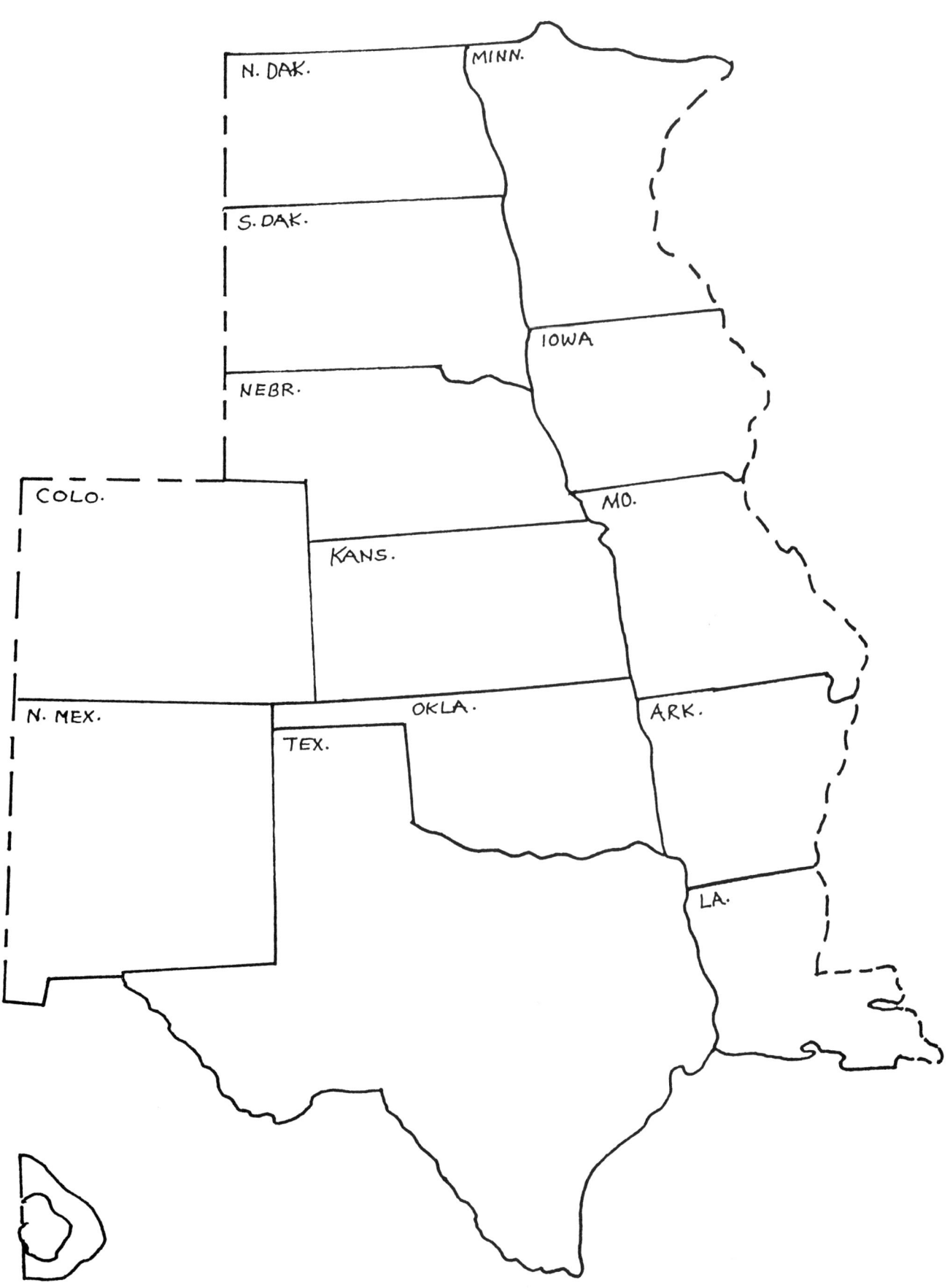

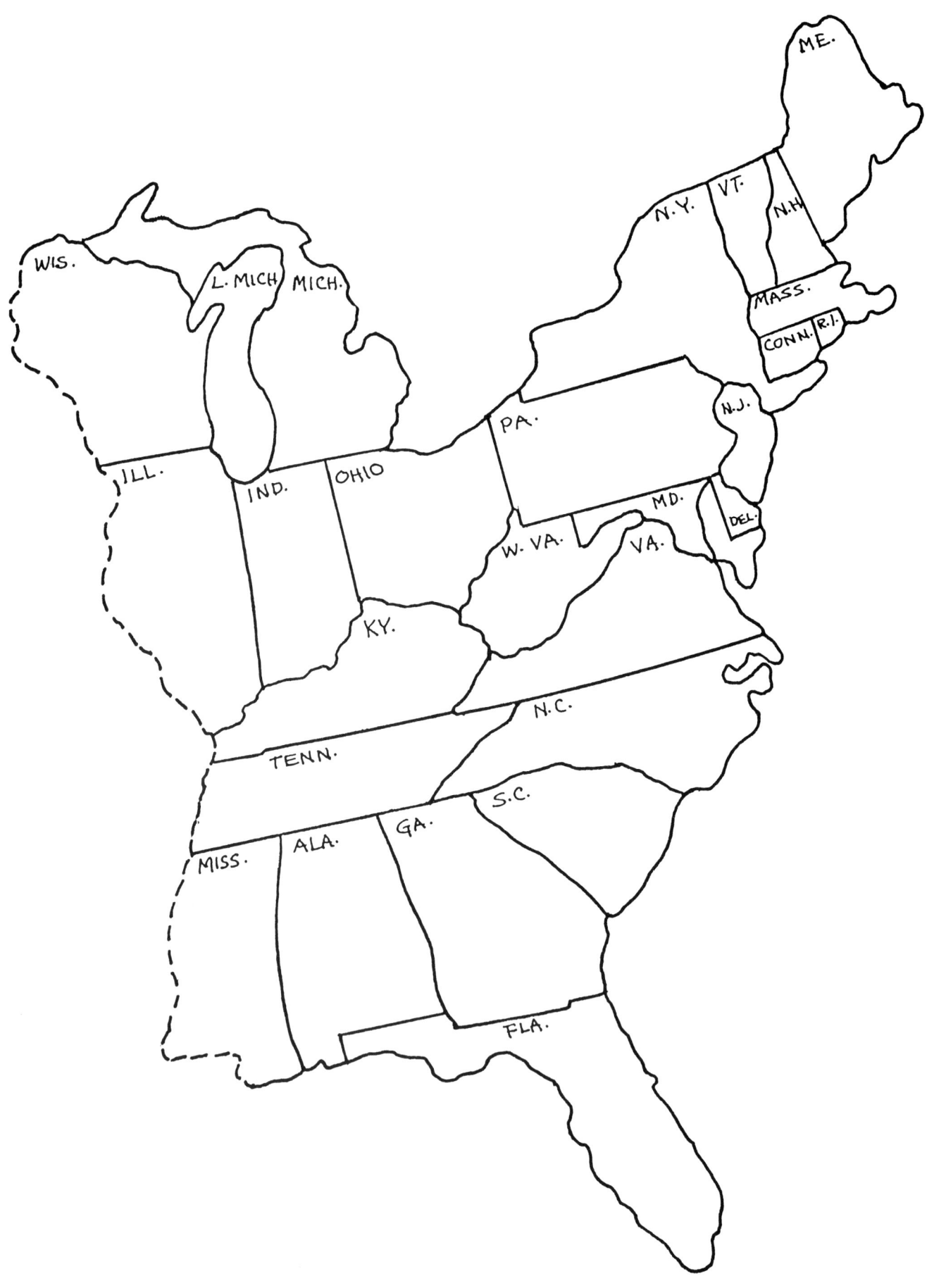

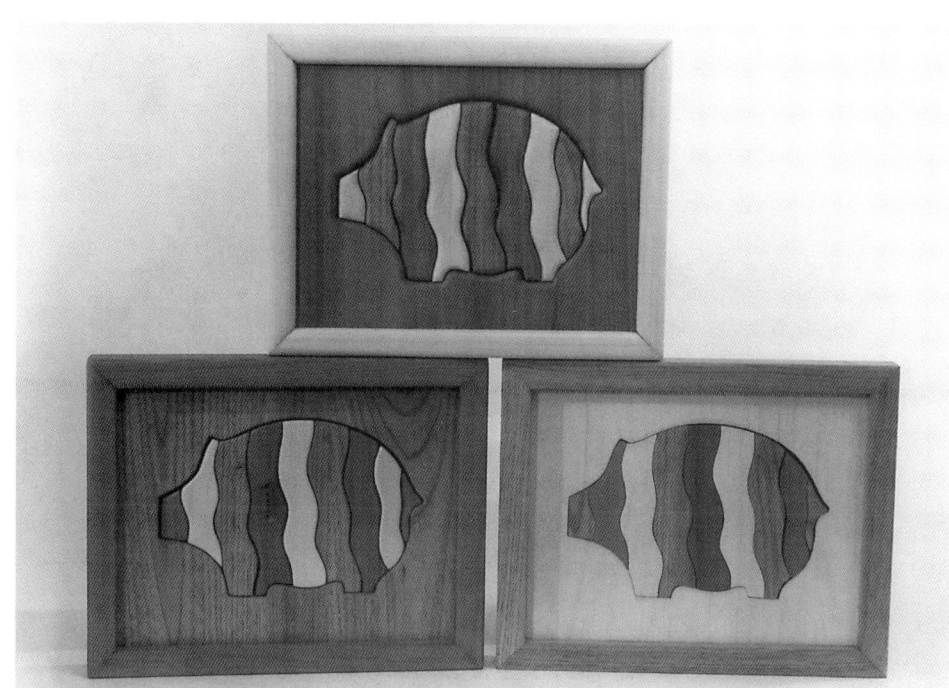

Abbildung 239
Hier Einlegepuzzles aus 13 mm starkem Massivholz in einem genuteten Rahmen mit den Maßen 20 X 35 mm. Jedes hat eine Grundplatte aus 3 mm starker Hartfaserplatte. Diese Puzzles wurden im Stapelschnittverfahren aus verschiedenen Hölzern gesägt. Beachten Sie, daß die Maserung senkrecht verläuft.

Abbildung 240
Beginnen Sie mit drei Brettern; jedes Brett besteht aus einem anderen Material: Kiefer, Redwood und Nußbaum. Beachten Sie den Maserungsverlauf.

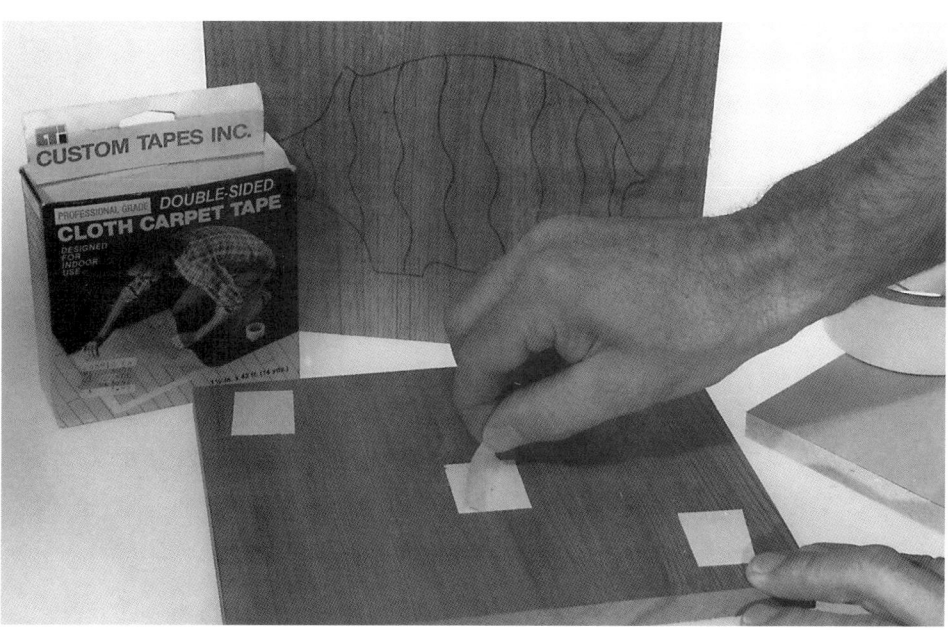

Abbildung 241
Verwenden Sie Doppelklebeband, um die einzelnen Lagen beim Stapelschnitt zusammenzuhalten (siehe Abbildung 248).

Abbildung 242
Kontrollieren Sie, ob Ihre Säge für die Stärke der aufeinandergelegten Hölzer die notwendige Schnittiefe besitzt.

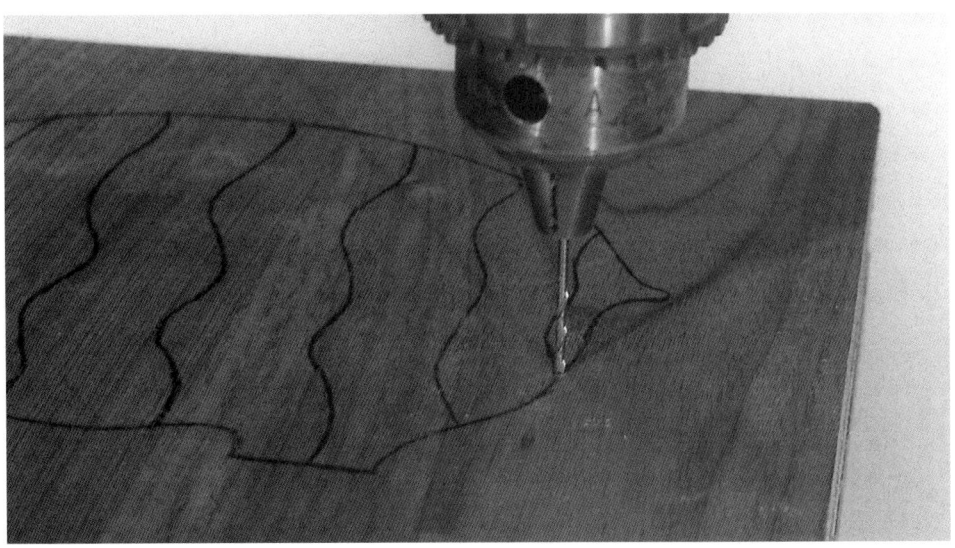

Abbildung 243
Bohren Sie ein kleines Loch zum Einfädeln der Säge.

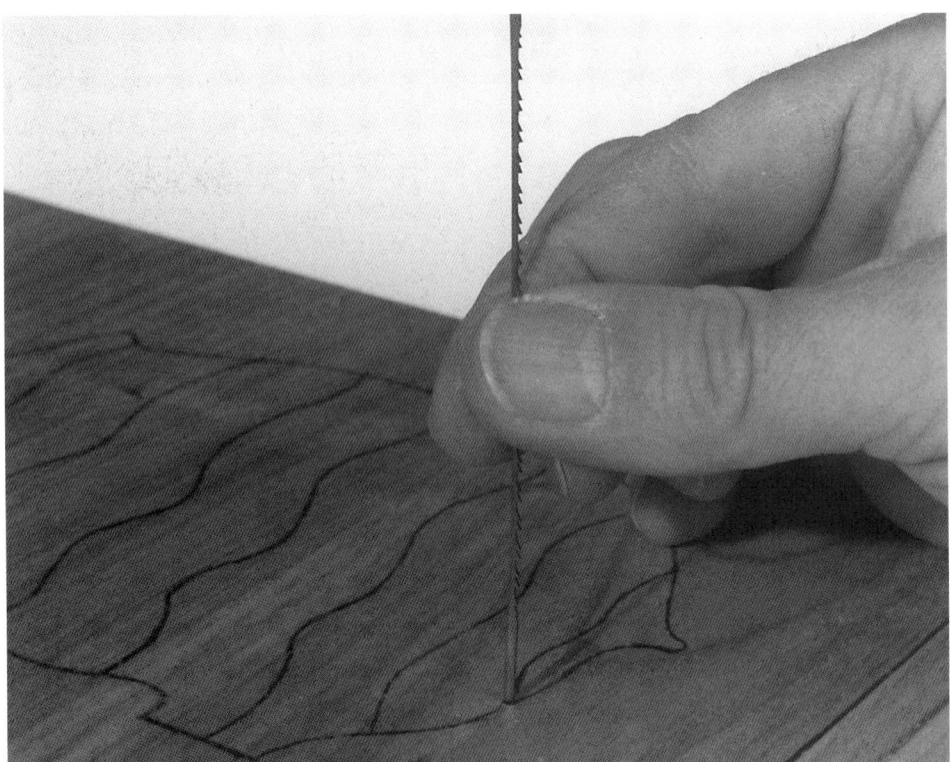

Abbildung 244
Führen Sie das Sägeblatt ein.

Abbildung 245
Sägen Sie zuerst den Umriß des Schweins aus.

Abbildung 246
Sind die Streifen des Doppelklebebandes günstig plaziert, sollten alle Lagen des ausgesägten Schweins zusammen bleiben.

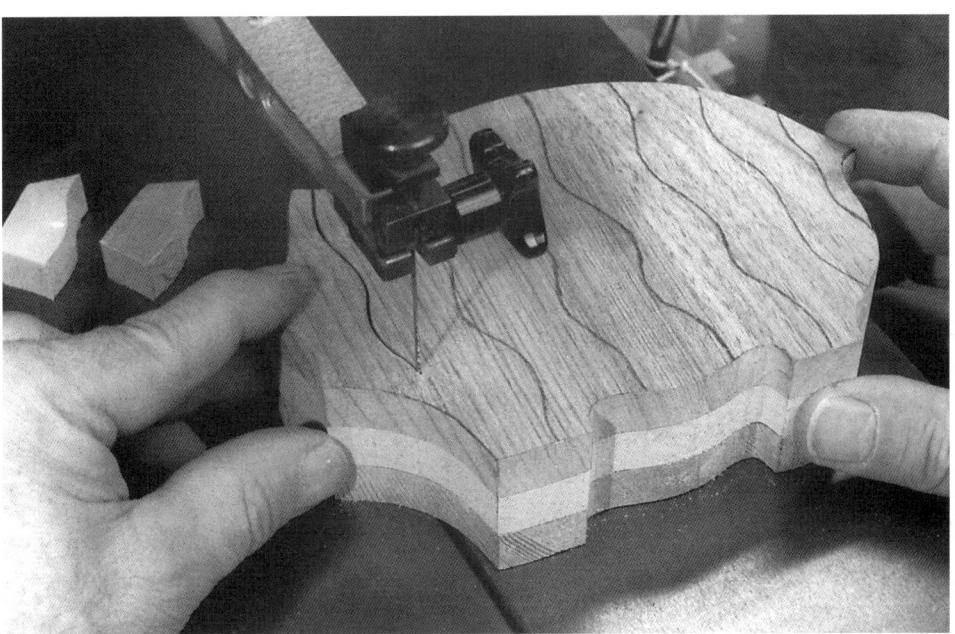

Abbildung 247
Wenn Sie die Einzelteile aussägen, sollten Sie abwechselnd vom Kopf- und vom Schwanzende her sägen.

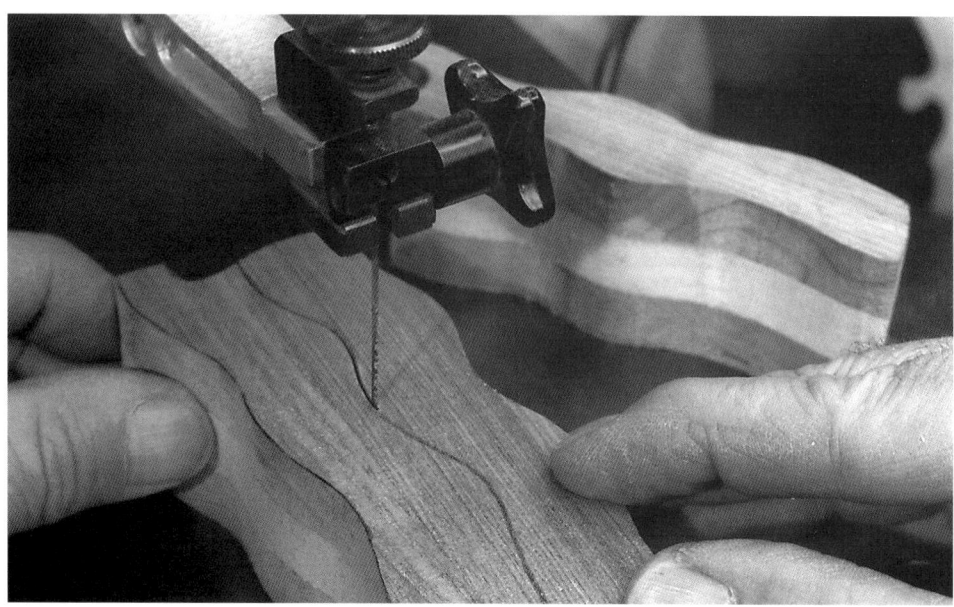

Abbildung 248
Der letzte Sägeschnitt erfolgt durch den Abschnitt, in dem das mittlere Stück des Doppelklebebands liegt.

Abbildung 249
Das Schleifen der Oberflächen.

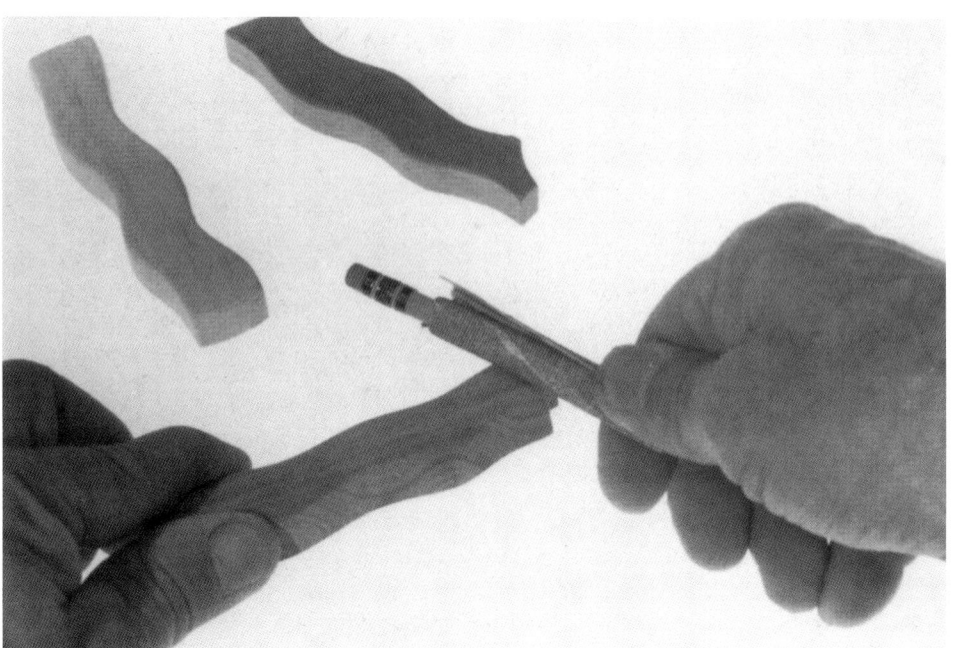

Abbildung 250
Rundet man die Kanten der Oberseiten ab, sind diese leichter zu erkennen und das Puzzle dadurch einfacher zusammenzusetzen. Sind dagegen die Kanten von Ober- und Unterseite gerundet oder bleiben alle Kanten scharf, ist das Puzzle schwerer zusammenzusetzen.

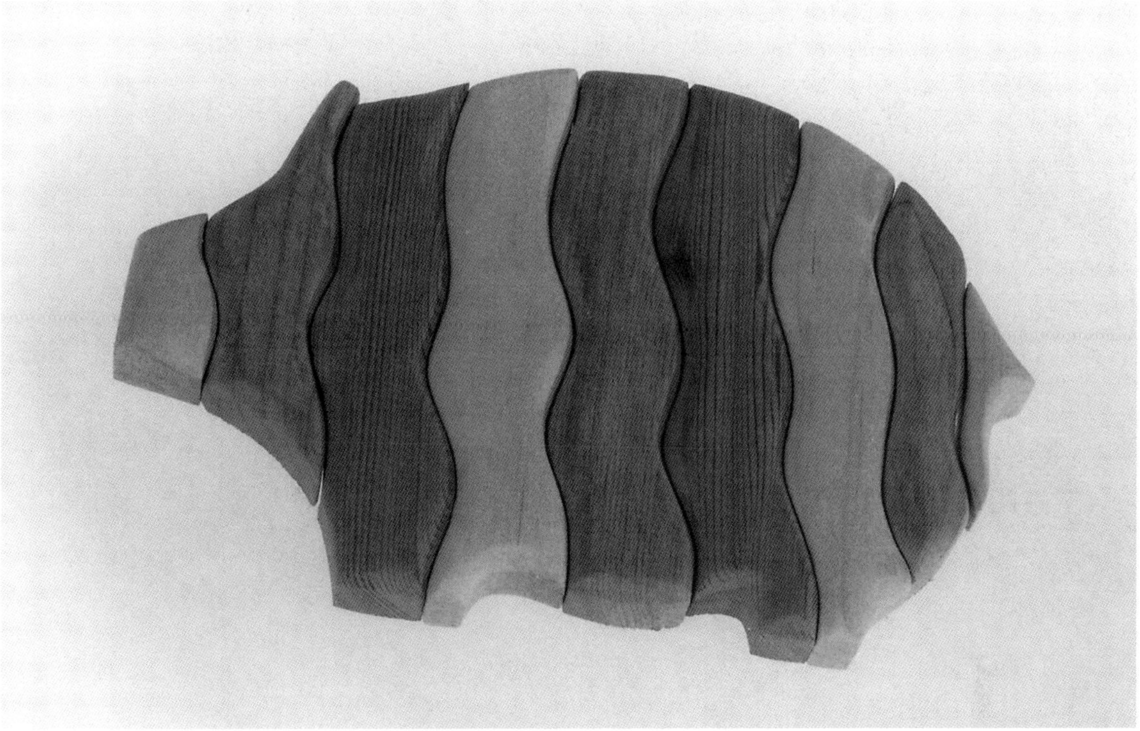

Abbildung 251 Bei diesem Puzzle sind die Kanten der Oberseiten abgerundet worden.

Abbildung 252 Sind sowohl die Kanten von der Oberseite als auch von der Unterseite abgerundet, ist das Puzzle schwieriger zusammenzusetzen.

Abbildung 253
Hier haben sie nun alle Puzzleteile. Die Grundplatte aus 3 mm starker Hartfaserplatte hat die gleichen Maße wie das zu rahmende Stück.

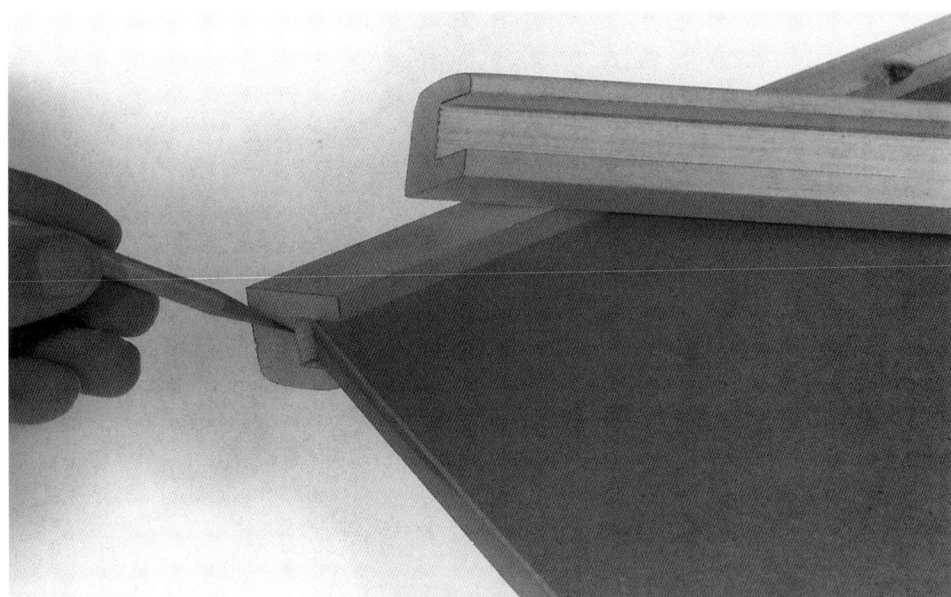

Abbildung 254
Ein kleiner Spielraum muß bleiben, damit sich das Holz im Rahmen ausdehnen kann (siehe auch die Schnittzeichnung in der Vorlage).

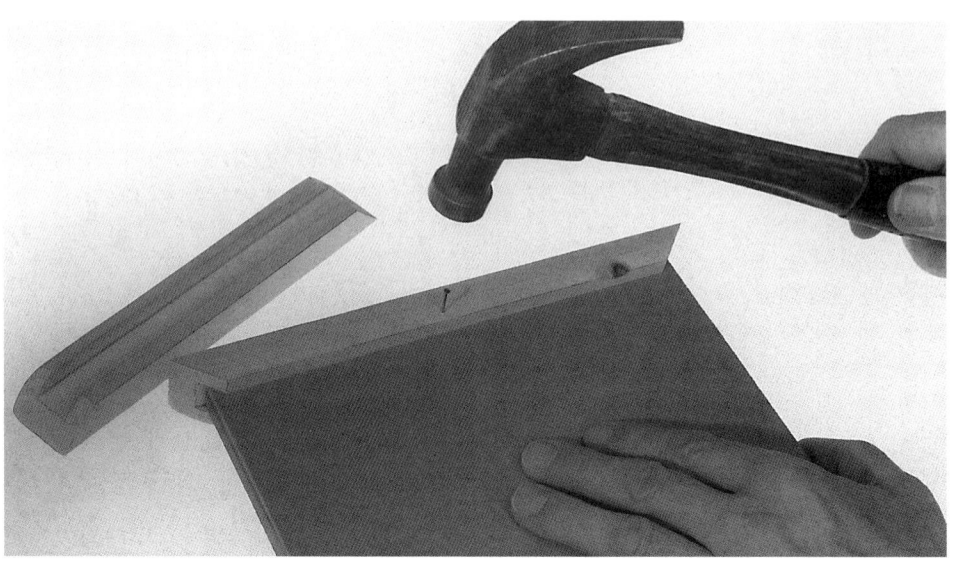

Abbildung 255
Nachdem alle Teile (in diesem Beispiel mit Danish Oil) oberflächenbehandelt worden sind, wird ein einzelner Nagel in das obere Rahmenteil eingeschlagen. Dadurch ist die Platte innerhalb des Rahmens zentriert.

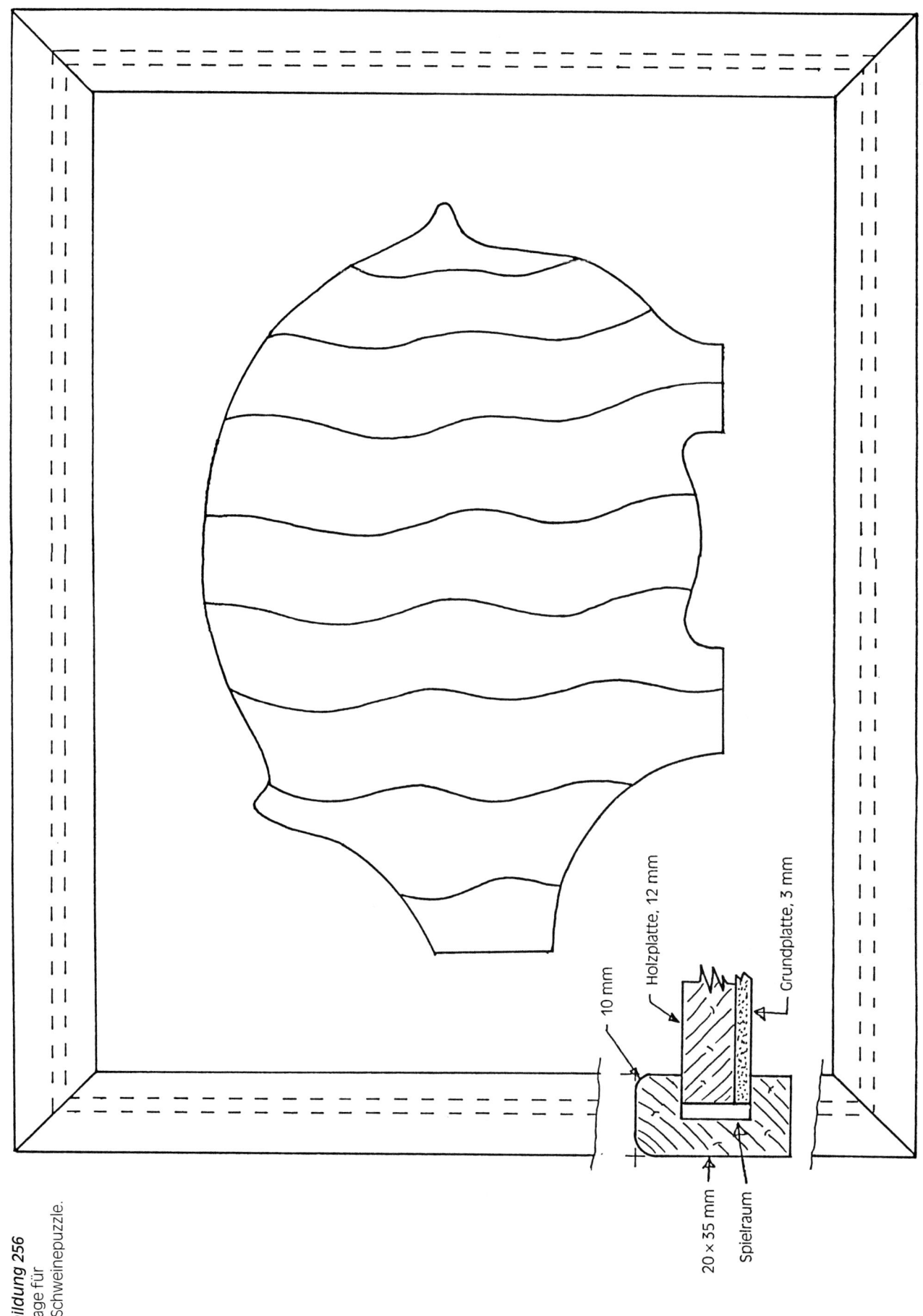

Abbildung 256
Vorlage für das Schweinepuzzle.

8
Ein paar raffinierte Puzzle-Ideen

Dieses Kapitel bietet Ihnen einige ganz neue Puzzlemuster und ideenreiche Anregungen. Wenn Sie ihnen folgen, verlassen Sie schon ein wenig den bisher beschrittenen Pfad der Puzzleherstellung. Das sechs- oder neunteilige Puzzle aus einer kleinen Briefmarke bedeutet in Wirklichkeit eher eine Geschicklichkeitsübung im Sägen und weniger ein Puzzle, das tatsächlich im Spiel benutzt wird. Der Spaß liegt meist in der Anfertigung und der größte Nutzen im Gesprächsstoff, den man sich dadurch schafft. Um dieses Minipuzzle anzufertigen, müssen Sie gute Augen und eine ruhige Hand haben. Nehmen Sie die Herausforderung an und begleiten Sie uns, wie auf den Abbildungen 257 bis 261 gezeigt, bei den einzelnen Schritten.

Zwei weitere interessante Anregungen sind ein verzahntes Puzzle aus einem starken, gedrechselten Rundholz sowie ein aus einer flachen Furnierplattenscheibe gesägtes Puzzle (Abb. 262). Das Rundholzpuzzle läßt sich mit einer Bandsäge leichter schneiden, aber eine gute Feinschnittsäge tut es auch. Machen Sie Ihr Rundholz ein wenig länger als notwendig. Dann haben Sie etwas Verschnittmaterial zum Anfassen und können vorweg ein oder zwei Probeschnitte vornehmen. Das Verfahren ist etwas knifflig, aber Sie haben sicher bald den Dreh heraus. Die Vorlagen und einige hilfreiche Fotos entnehmen Sie den Abbildungen 263 bis 266.

Nehmen Sie irgendein Abfallstück von Furnierplatten oder Massivholz und zersägen es wellig oder unregelmäßig, dann erhalten Sie rasch ein interessantes und herausforderndes Puzzle. Ein zweidimensionales Beispiel, das aus einem Abfallstück von Plexiglas gesägt wurde, zeigen wir in den Abbildungen 267 bis 269. Der gleichen Idee folgend, aber unter Verwendung dreidimensionaler unregelmäßiger Teile, haben wir das Puzzle in den Abbildungen 271 bis 274 geschaffen.

Die meisten der zuvor besprochenen Puzzles können in jeder beliebigen Größe hergestellt werden, soweit dies mit Ihrer Feinschnittsäge möglich ist. Sie brauchen eigentlich noch nicht einmal genaue Vorlagen, um diese Puzzles anfertigen zu können, wenngleich einige allgemeine Richtlinien natürlich hilfreich sind. Im großen und ganzen sollte aber jeder durchschnittliche Benutzer einer Feinschnittsäge in der Lage sein, diese Arbeiten ohne Vorlage freihändig zu sägen.

Die letzten beiden Vorlagen des Buches zeigen zwei quadratische Trick-Puzzles, deren Teile gerade Kanten haben. Sowohl die Herstellung als auch das Legen dieser Puzzles ist ein wenig kniffliger, als Sie vielleicht erwarten. Beschrieben werden die Puzzles in den Abbildungen 275 bis 279, dort finden Sie auch einige Tips zur Herstellung. Die wichtigste Bedingung ist die, daß Sie mit Ausgangsteilen beginnen, die exakt quadratisch sind. Deshalb müssen die ersten Rohteile mit einer Tischkreissäge sauber geschnitten werden, falls eine solche vorhanden ist. Andernfalls müssen Sie absolut sicher sein, daß Sie mit Ihrer Feinschnittsäge sehr präzise entlang der Rißlinien sägen.

Die Vorschläge zu Puzzles in diesem Kapitel möchten Sie zu Experimenten mit ungewöhnlichen Werkstoffen sowie den vielen möglichen Sägeschnitten nach ungewöhnlichen Entwürfen anregen. Wenn Sie sich daranwagen, befinden Sie sich schon mitten auf dem Weg zur Anfertigung von äußerst kreativen Puzzles.

Abbildung 257 Sechsteiliges Puzzle aus einer Briefmarke.

Abbildung 258 Befestigen Sie die Briefmarke auf dreilagiger, 3 mm starker Birken-Furnierplatte, die Sie mit leichten Bleistiftstrichen in einzelne Abschnitte unterteilen.

Abbildung 259 Befestigen Sie die dünne Furnierplatte mit Doppelklebeband auf einer stärkeren Unterlage. Sägen Sie an einer Kante entlang, wobei Sie dem perforierten Rand der Briefmarke folgen.

Abbildung 260 Sägen Sie entlang dem zweiten perforierten Rand, gehen Sie dann zurück, indem Sie senkrecht durch die Mitte der Briefmarke sägen.

Abbildung 261
Vollenden Sie das winzige Puzzle mit trennenden Sägeschnitten im rechten Winkel.

Abbildung 262 Diese beiden ungewöhnlichen Standpuzzles sind zuerst in Kapitel 6 erwähnt.

Abbildung 263
Für dieses interessante und dekorative Puzzle ist ein Rundholz mit 40 mm Durchmesser bei 170 mm Länge benutzt worden. Drehen Sie das Holz bei jedem Sägeschnitt um ca. 10 – 20°, so daß dieser Schnitt zum vorhergehenden leicht versetzt ausgeführt wird. Sie können dieses Konzept für die Herstellung von Puzzles aller Längen und bis zu der Holzstärke einsetzen, die die Schnittiefe Ihrer Säge zuläßt.

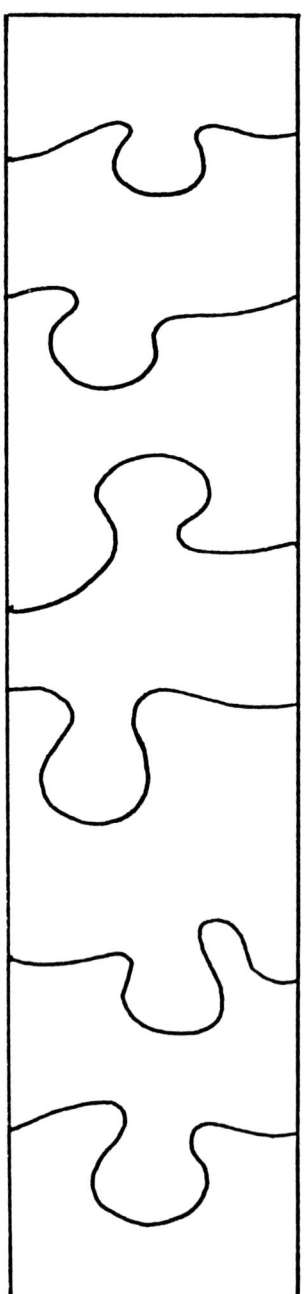

Abbildung 264 Dieses Rundholz mit 40 mm Durchmesser wurde mit Hilfe einer Prismenauflage gesägt.

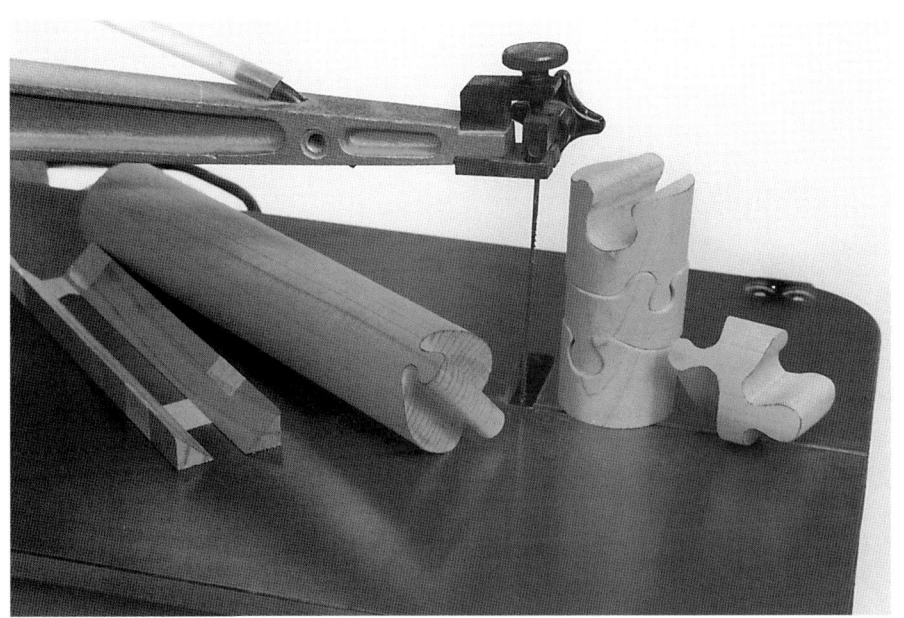

Abbildung 265
Links können Sie die Prismenauflage deutlich erkennen. Sie besteht aus zwei einfachen Dreikantleisten und etwas Gewebeband. Beachten Sie die bereits fertiggestellten Puzzleteile.

Abbildung 266
Hier die Vorlage für das Scheibenpuzzle. Dieses Exemplar erhielt einen Durchmesser von 150 mm und wurde aus 20 mm starker Hartholz-Furnierplatte gesägt. Ähnliche Puzzles mit anderen Durchmessern, Materialstärken und Teilezahlen lassen sich ganz nach Wunsch entwerfen.

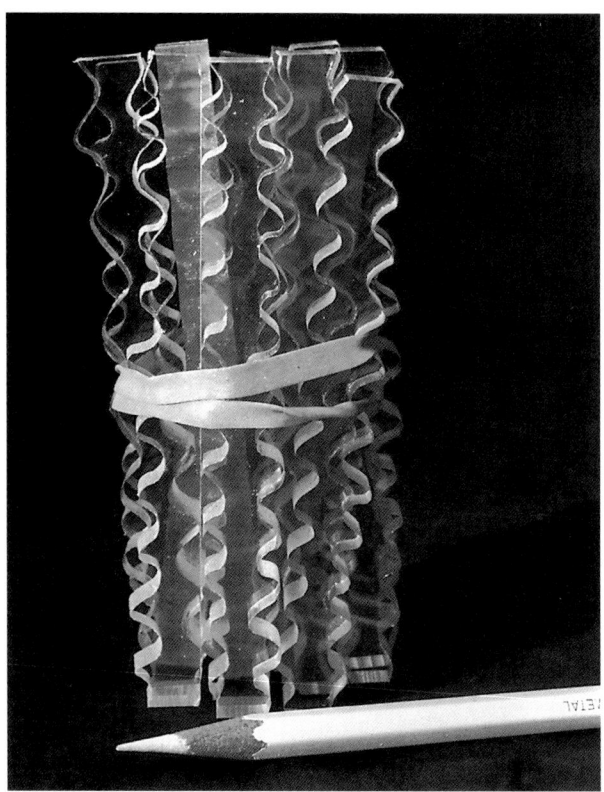

Abbildung 267 Unregelmäßig gesägte, durchsichtige Plexiglasstreifen, die nahezu identisch aussehen und mit einem Gummiband zusammengehalten werden, ergeben ein Puzzle von hohem Schwierigkeitsgrad. Die Aufgabe besteht darin, die einzelnen Teile so zusammenzupassen, daß aus ihnen eine glatte, rechteckige Fläche entsteht.

Abbildung 268 Auf diesem Foto ist das Plexiglaspuzzle fast zusammengesetzt. Das gleiche Puzzle könnte auch aus Furnierplatte oder jedem anderen Schichtmaterial gesägt werden.

Abbildung 269 Jedes Teil wird freihändig gesägt, indem Sie vor und zurück entlang der Linien fahren, die Sie zuvor auf dem Schutzüberzug des Plexiglases gezogen haben.

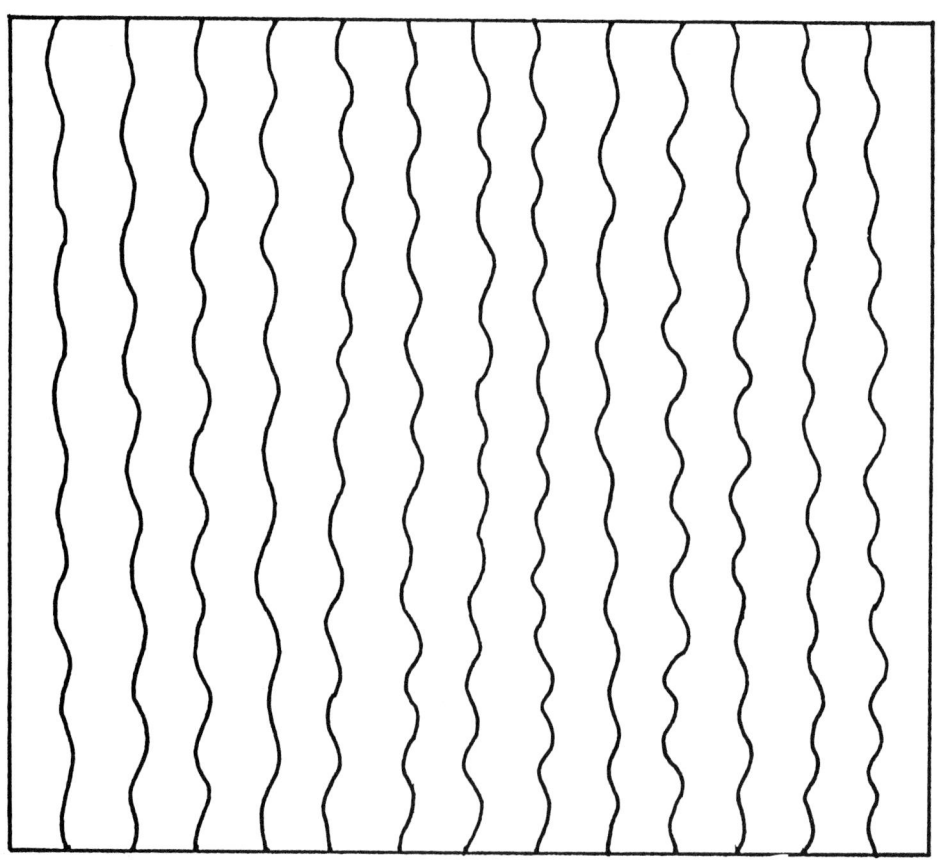

Abbildung 270 Sollten Sie für das Plexiglaspuzzle eine Vorlage brauchen – hier ist sie.

Abbildung 271 Dieses 16teilige Puzzle besteht aus Nußbaumkantholz mit quadratischem Querschnitt.

Abbildung 272 Hier sehen Sie die Vorlagen für das 16teilige Blockpuzzle. Gesägt wird auf zwei aneinanderstoßenden Seiten des Blocks, wodurch dreidimensional profilierte Puzzleteile entstehen.

Abbildung 273
Dieses Foto zeigt das Werkstück nach den ersten drei wellenförmigen Sägeschnitten.

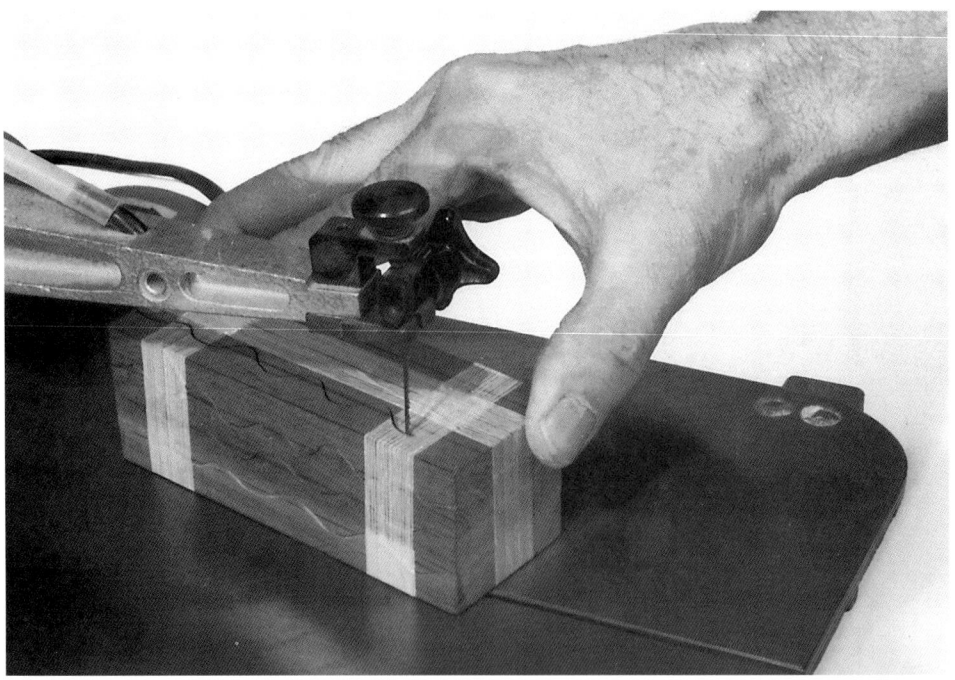

Abbildung 274
Nachdem die vier Teile wieder mit Klebeband verbunden sind, wird die zweite Sägeschnittreihe von der angrenzenden Seite aus ausgeführt. Machen Sie zuerst die beiden außen liegenden Sägeschnitte, zum Schluß den in der Mitte.

Abbildung 275
Hier zwei nur auf den ersten Blick einfache Puzzles, die jedoch selbst für gewiefte Puzzlefanatiker eine Herausforderung bedeuten. Jedes Puzzle wird aus zwei exakt quadratischen 10 mm starken Furnierplatten angefertigt.

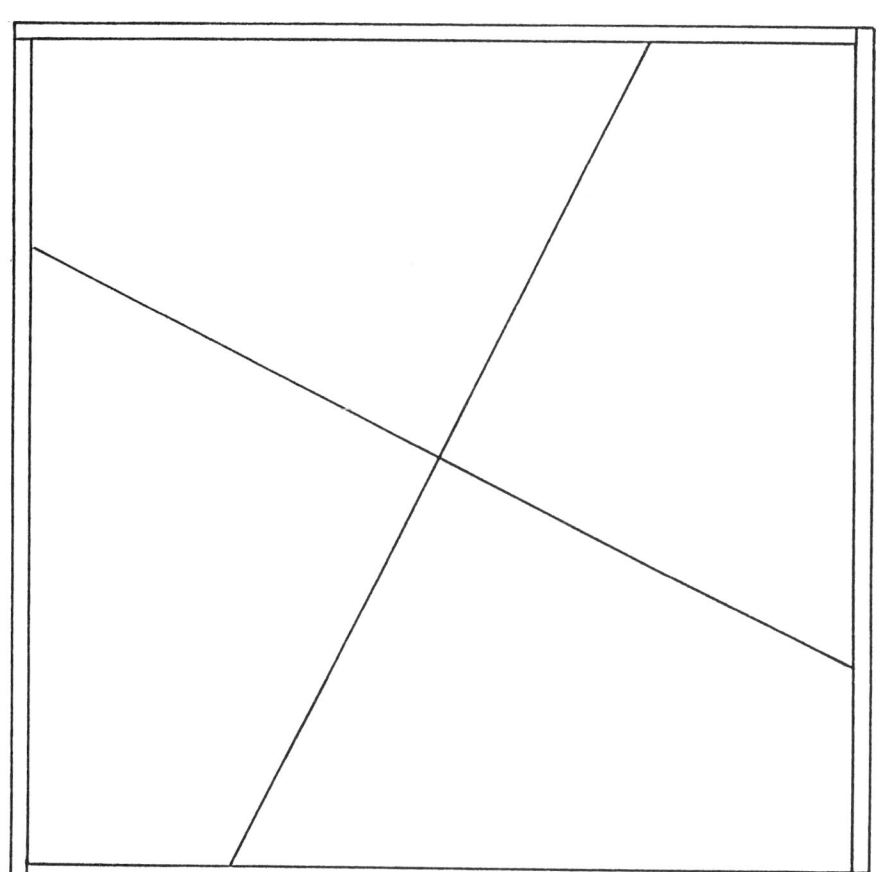

Abbildung 276
Hier die Vorlage für das Quadratpuzzle Nr. 1. Alle vier Teile sind identisch. Um die Teile zusammenzuhalten, werden massive Holzleisten mit der Grundplatte verleimt.

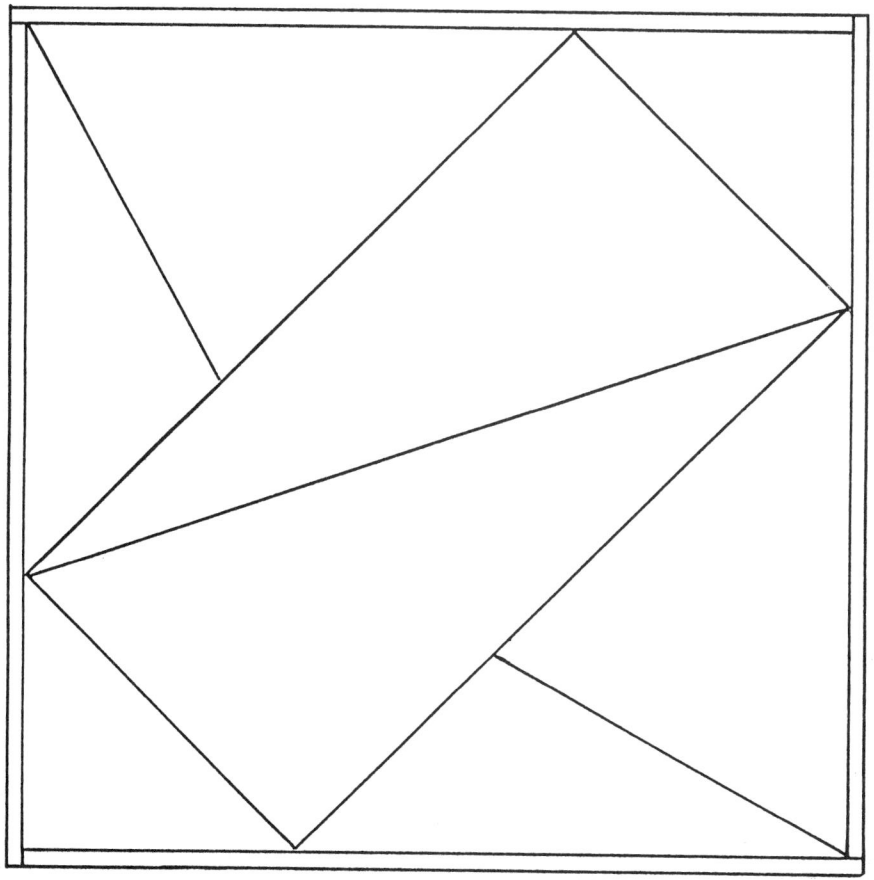

Abbildung 277
Hier die Vorlage für das Quadratpuzzle Nr. 2. Das Puzzle weist vier Paare identischer Einzelteile auf, was sehr sorgfältige und präzise Sägearbeit verlangt.

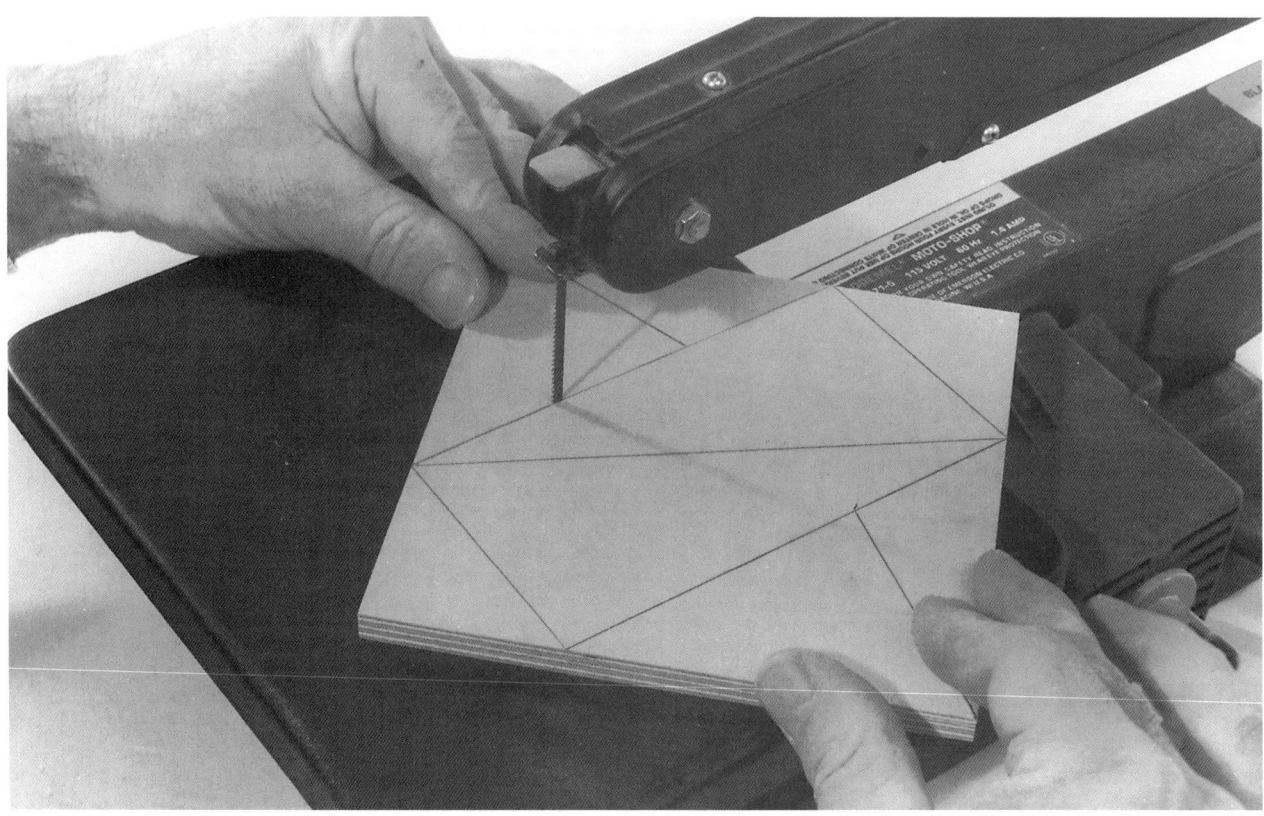

Abbildung 278 Ein breites Sägeblatt macht das Sägen gerader Linien einfacher. Führen Sie während des Sägeschnittes das Blatt direkt auf den aufgezeichneten Linien. Dieses Puzzle wird aus 10 mm starker Birken-Furnierplatte gesägt.

Abbildung 279 Hier eine einfache Methode, um beim Verleimen die Holzleisten an die Grundplatte aus 10 mm starker Furnierplatte zu pressen.

9
Die Veredelung: Oberflächenbehandlung und Bemalung

Die Oberflächen von Puzzles können auf verschiedenste Art und Weise behandelt werden. Die Spannbreite der Möglichkeiten reicht von roher Oberfläche über Naturöle, Firnis und Holzfarben bis hin zu speziell abgemischten Beizen, Farben und Lacken. Sie können auch eine Kombination mehrerer Oberflächen auf einem einzelnen Puzzle miteinander verbinden. Naturbelassene Oberflächen zusammen mit leuchtenden Farben sind eine „typische" Möglichkeit.

Wir empfehlen selbstverständlich weder eine bestimmte Marke oder einen bestimmten Lack, noch eine spezifische Methode als das Nonplusultra bei der Oberflächenbehandlung von Puzzles. Es existieren nicht nur viele verschiedene Produkte für die Oberflächenbehandlung, sondern auch noch viele andere interessante Techniken, die hier aber nicht alle beschrieben werden können. Sollten Sie Erfahrung im Umgang mit Holz besitzen, haben Sie sich gewiß schon in eine bestimmte Methode der Oberflächenbehandlung eingearbeitet, die Ihnen das gewünschte Ergebnis bringt. Wir wollen Ihnen nicht nahelegen, das zu ändern – bleiben Sie dabei.

Es gibt jedoch einen Punkt, auf dem alle Eltern und Kunden bestehen: Puzzles dürfen nur mit ungiftigen Werkstoffen behandelt werden. Lesen Sie die Etiketten genau durch, so daß Sie sicher sein können, daß all Ihre Lacke, Öle und Farben bleifrei und ungiftig sind. Eine Möglichkeit, um absolut sicherzugehen, besteht darin, die Oberfläche natürlich zu belassen. Viele stehende Puzzles kommen heute ohne jede Bemalung in die Geschäfte; allerdings bevorzugen Kinder mit leuchtenden Farbkombinationen bemalte Puzzles. Erwachsene fühlen sich dagegen von unlasierten, stark benutzten, „alt" aussehenden Puzzles angezogen – eine Vorliebe, die von Kindern nicht unbedingt geteilt wird (siehe Abb. 280 und 281).

Eine farblose Oberflächenbehandlung betont und berreichert die Maserung und das „Holzbild". Pflanzliche und mineralische Öle sind ungefährlich, überall erhältlich und einfach in der Anwendung (siehe Abb. 282 und 283). Wir halten Erdnußöl für eine gute Wahl.

Ein Produkt, das wir häufig empfehlen und selbst benutzen, ist Danish Oil. Dies ist eine Mischung von Harzen und Ölen, die tief in die Zellstruktur des Holzes eindringt. Sie reagiert chemisch mit natürlichen Substanzen im Holz. Auf diese Weise bilden sich Polymere, die das Holz härten. Ein staatlich gefördertes Testinstitut bestätigte inoffiziell, daß die Härte der Holzoberfläche bei einigen Hölzern mit diesem Produkt um bis zu 25 Prozent gesteigert werden kann. Das ist besonders von Vorteil, wenn Sie Weichholz verwenden und Ihr Puzzle starker Beanspruchung ausgesetzt sein wird. Der gesamte Vorgang

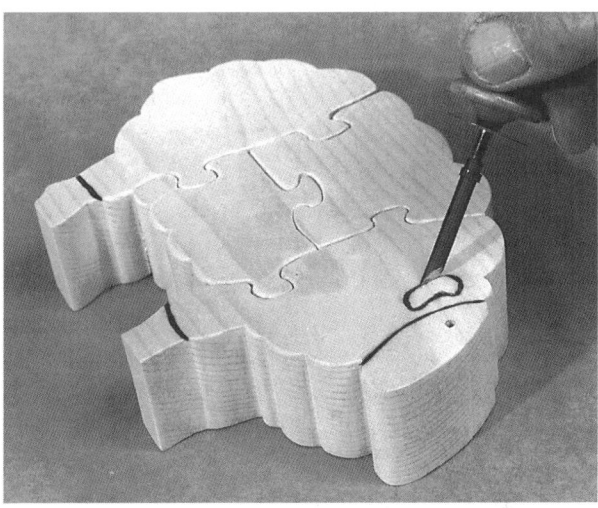

Abbildung 280 Um unbehandeltes Holz mit Details und Kontrast zu versehen, können Sie ein Brandeisen einsetzen. Dieses Puzzle lassen Sie unbehandelt oder überziehen es mit natürlichen Ölen oder einem Mattlack.

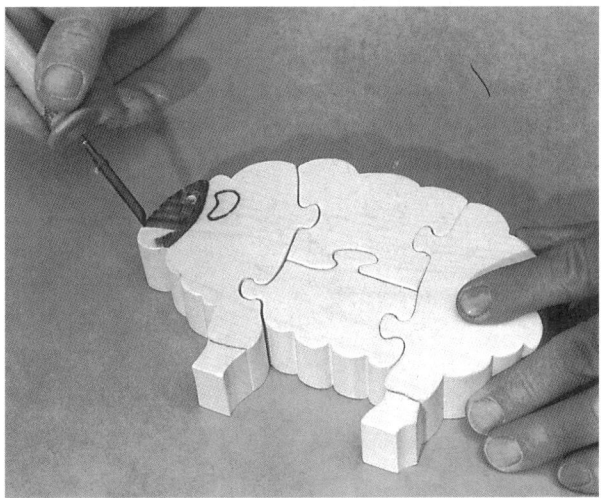

Abbildung 281 Dieses Foto zeigt, wie Sie mit dem flachen Ende eines Brandeisens einen Bereich besonders hervorheben können.

der Polymerisation dauert ungefähr 30 Tage. Diese Zeit muß verstreichen, bevor die behandelten Teile als ungiftig gelten können.

Danish Oil (Abb. 284) kann sowohl zum Tiefengrundieren als auch zum Versiegeln als hartes, dauerhaftes und wasserbeständiges Finish verwendet werden. Das Öl wird sehr reichlich aufgetragen, bis die Oberfläche nichts mehr aufnehmen kann und der Überschuß dann weggewischt. Danish Oil des britischen Hersteller Rustins ist in Deutschland bisher nur durch den Versandhandel erhältlich, so im Drechselzentrum Essen (siehe die Anzeigenseiten hinten im Buch). Alle Grundplatten und Unterlagen der Einlegepuzzles in diesem Buch haben wir mit Danish Oil bearbeitet.

Die meisten Lacke und Epoxidharzlacke sind nach dem Aushärten ebenfalls ungiftig. Möchten wir eine saubere und natürliche Oberfläche für feingezeichnete Details erzielen, verwenden wir ausnahmsweise Lacke, was wir sonst nur sehr selten tun. Linien, die Sie mit wasserfesten Markern oder feinen Filzstiften ziehen, verlaufen auf der Oberfläche von unbehandeltem Holz. Rohes Holz wirkt wie Löschpapier (siehe Abb. 285).

Wollen wir feine Details mit Stift, Tusche oder einem wasserfesten Marker aufbringen, lackieren wir das Puzzle zuerst mit schnelltrocknendem Polyurethanlackspray (PUR oder DD-Lack) und schleifen es leicht mit feinem Sandpapier. Dann bringen wir die Details auf und sprühen abschließend einen feinen Schutzüberzug Polyurethanlack darüber. Ist dieser getrocknet, können wir einen weitere stärkere Schutzlackierung auftragen.

Selbstverständlich müssen Sie nicht unbedingt Sprays benutzen. Es gibt auch Polyurethanlack zum

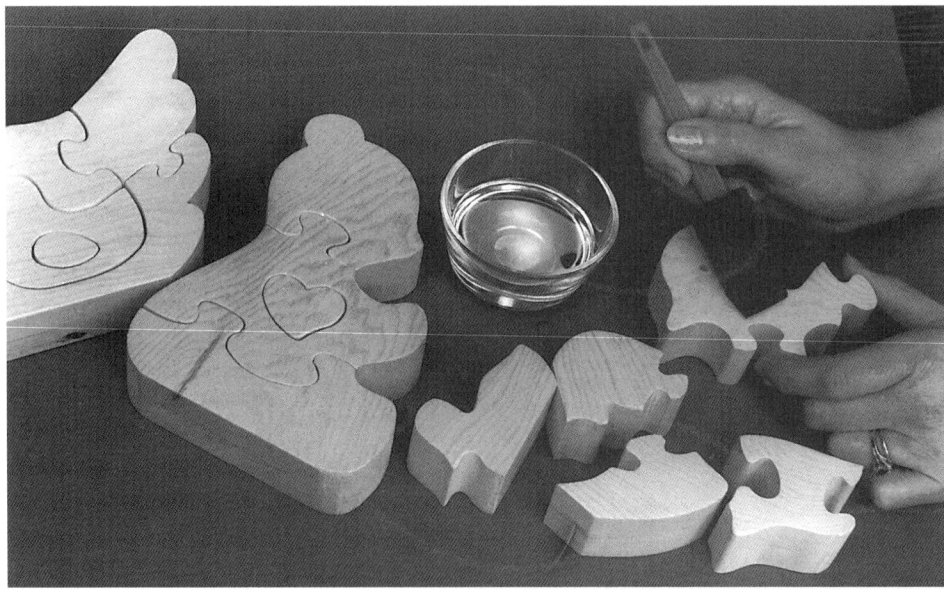

Abbildung 282
So wird die Oberfläche von Standpuzzles aus Kiefer mit dem farblosen Danish Oil behandelt. Zum Auftragen dient in diesem Fall ein Schwammtupfer.

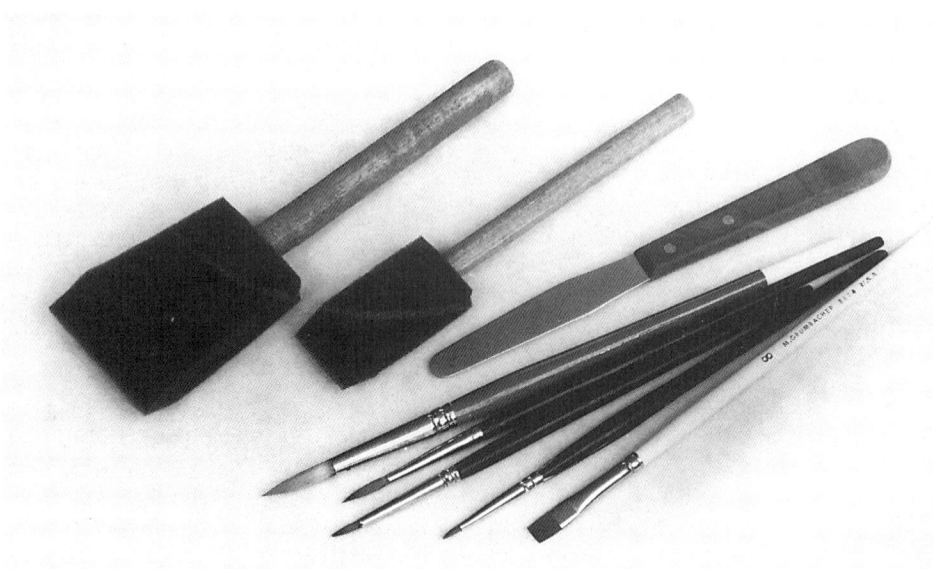

Abbildung 283
Zur Oberflächenbehandlung benötigen Sie größere Schwammtupfer, ein Palettenmesser und feinere Borstenpinsel für die Details.

Abbildung 284
Mit dem farblosen Danish Oil zur Oberflächenveredlung erzielen Sie besonders betonte Einzelheiten bei Ihren Puzzles.

Verstreichen (Abb. 286). Weisen die entsprechenden Sprays ein unbedenkliches Treibgas auf, so kann man mit ihnen schnell und bequem lackieren (siehe Abb. 286, 287 und 288). Lackieren Sie alle Teile einer Farbe gleichzeitig. Dadurch sparen Sie Zeit. Ein Rundholz mit nach außen weisender Nagel- oder Nadelspitze an einem Ende läßt sich gut als Halter bei der Sprühlackierung nutzen. Die kleinen Spuren, die zurückbleiben, sind fast unauffällig, besonders dann, wenn sie sich auf der Kante und nicht auf der Oberfläche des Puzzleteils befinden. Wenn Sie diesen Halter aus Rundholz benutzen, können Sie beide Seiten gleichzeitig bemalen. Die Innenkanten brauchen bei einem stehenden Puzzle nur einen leichten Sprühnebel erhalten. Die Außenkanten müssen auf die gleiche Art und Weise wie alle anderen sichtbaren Oberflächen lackiert beziehungsweise bemalt werden.

Latex- und Acrylfarben sind wasserlöslich und ungiftig. Sie sind einfach in der Benutzung und können von Ihnen selbst abgetönt werden. Sie können übrigens nahezu jeden erwünschten Farbton in einem Malbedarfsgeschäft mit Farbmischservice erhalten. Mit dichten oder deckenden Farben lassen sich kleinere Defekte verbergen; Sie können Risse, Kerben, Poren und ähnliches verschwinden lassen, indem Sie sie vor dem Bemalen ordentlich verfüllen. Natürlich lassen sich am besten Füllstoffe für Holz zum Glätten der Oberfläche und zum Füllen von Fehlstellen verwenden. Sie werden vor dem Lackieren aufgebracht. Die Kanten billiger Furnierplatten verlangen besondere Aufmerksamkeit.

Es ist ratsam, bei bestimmten Farben und Lacken Grundierungen zu verwenden. Sie sind besonders nützlich beim Verdecken oder Verfüllen von Defekten, sowie von bestimmten Holzeigenschaften, wie etwa unerwünschte Wildmaserung bei Furnierplatten aus Fichte oder Kiefer. Denken Sie daran, vor dem Aufbringen der abschließenden Lackierung die getrocknete Grundierung zu schleifen (siehe Abb. 289 bis 292).

In einigen Fällen werden Sie die Maserung oder andere Charakteristika des Holzes nicht verbergen wollen. Experimentieren Sie doch einmal mit Pigmentlacken, die, direkt aus der Dose ohne Voranstrich oder Füller aufgebracht, sehr interessante Ergebnisse liefern.

Die Maserung des Holzes können Sie auch sichtbar lassen, indem Sie transparente farbkräftige Holzbeizen verwenden (etwa Rustin's Wood Dye). Für Puzzles und Kinderspielzeuge lassen sich ebenfalls sehr gut farbig duchscheinende Überzugslacke verwenden. Holzmaserung ist nach Erhärten des Lackes deutlich zu erkennen. Diese Produkte lassen sich am besten auf helleren Hölzern wie Kiefer, Pappel, Zeder, Linde und Ahorn anwenden. Lacke der Marke Rustin's Color Glaze weisen eine dünne Farbschichtdicke und Transparenz auf, eigenen sich daher ganz besonders für Puzzles mit ihren feinen Trennschnitten. Diese Überzugslacke sind kindersicher und in Rot, Blau, Grün, Gelb, Grau, Schwarz und Weiß erhältlich. Durch Zumischen lassen sich die Farben ganz nach Wunsch gestalten (siehe Abb. 293).

Einige der im Farbteil dieses Buches abgebildeten großen und farbenfrohen Standpuzzles, etwa der Apfel, die Birne und die Ente, sind farblich behandelt. Manche der von uns benutzten Produkte ließen die Holzfasern hochkommen, aber dieses Problem kann man lösen. Fahren Sie mit einem feuchten Schwamm über das Holz, und nachdem es getrocknet ist schlei-

Abbildung 285 Das "E" rechts ist ein gutes Beispiel für das Auslaufen von Farben. Die Tinte der meisten Stifte und Marker läuft auf rohen oder unsauber bearbeiteten Holzoberflächen leicht aus. Manche Tuschen laufen auch erst dann aus, wenn eine neue Lackschicht darüber aufgebracht wird. Machen Sie immer erst einen Versuch. Für die meisten Arbeiten sind wasserfeste Marker zu bevorzugen.

fen Sie die Oberfläche mit feinem Sandpapier. Dann tragen Sie die Beize oder Farbe auf und danach einen Schutzüberzug aus Lack oder Lasur. Natürlich gibt es im Handel eine breite Palette an Farben und Lacken. Lassen Sie sich von Ihrem örtlichen Farbenhändler Produkte empfehlen.

Zusätzlich zu dem Gebrauch von Lacken können bestimmte einfach auszuführende aber sehr effektvolle Details die künstlerische Qualität und das professionelle Aussehen Ihres Puzzles steigern. Abbildung 294 zeigt hier verschiedene Beispiele gezeichneter Augen als Detail, die mit wasserfesten Markern, Tuschestiften und Farbe aufgebracht wurden. In Abbildung 294 sehen Sie, daß schon eine einfache Linie oder Markierung eine Nase ergibt. Beim „Raggy Ann"-Einlegepuzzle in Abbildung 295 lassen kleine zusätzliche Details, etwa die Falten in der Schleife und dem Ärmel, die Punkte auf dem Rock und der herzförmige Mund, das Puzzle viel interessanter erscheinen.

Unserer Erfahrung nach kann man Details besonders gut mit Acrylfarben zeichnen. Sie lassen sich leicht mit Wasser verdünnen, um die richtige Konsistenz zu erreichen und Sie können sie untereinander beliebig mischen.

Die Abbildungen 296, 297 und 298 zeigen, welchen Effekt schon das Zeichnen einer einfachen Linie hervorrufen kann. Kleine Punkte, wie in den Abbildungen 299 bis 302 gezeigt, wirken lustig, dabei sind sie schnell und einfach aufgetragen und bieten dem kreativen Hersteller beim Bemalen des Puzzles viele Möglichkeiten. Anstatt die Punkte mit den Borsten des Pinsels aufzubringen, tauchen Sie einfach das spitze hintere Ende Ihres Künstlerpinsels in die Farbe und machen die Punkte so, wie Sie mit Ihrem Bleistift einen i-Punkt machen würden. Verwenden Sie unterschiedliche Pinselgrößen für verschieden große Punkte. Lassen Sie keine Farbreste am Pinsel antrocknen, wenn Sie alle Punkte in gleicher Größe haben wollen.

Auch kleine Herzen – einzeln, in Serie oder in Reihe aufgebracht – können wie die Punkte effektvolle Details darstellen. Sehen Sie dazu den Mund des „Raggy Ann"-Puzzles in Abbildung 295 an. Ein Herz erhalten Sie, indem Sie mit dem Griffende Ihres Künstlerpinsels zwei gleichgroße Punkte nebeneinander setzen. Bringen Sie dann mit dem Griffende Ihres Pinsels die Punkte zusammen und ziehen Sie die Farbe zu einer Spitze aus (siehe Abb. 303–306).

Das Signieren und Datieren von Kunstwerken steigert bekanntlich deren Wert. Als kommerzielle Hersteller von Puzzles möchten Sie vielleicht einen Aufkleber oder ein Brandzeichen mit Ihrer Adresse oder anderen Informationen anbringen (Abb. 307). Aufkleber können wieder entfernt werden, ein Brandzeichen bleibt immer sichtbar.

Abbildung 286
Hier ein Beispiel für einen klaren Lack auf Polyurethanbasis. Polyurethan-Lacke sind von verschiedenen Herstellern und in unterschiedlicher Gebrauchsform erhältlich.

Abbildung 287
Sie können auch Polyurethan-Lack zum Sprühen verwenden. Es ist schwierig, die Teile von Standpuzzles zu halten und gleichzeitig rundherum mit Lack zu besprühen. Ein Rundholz mit Nadelspitzen ist dabei ein nützliches Hilfsmittel.

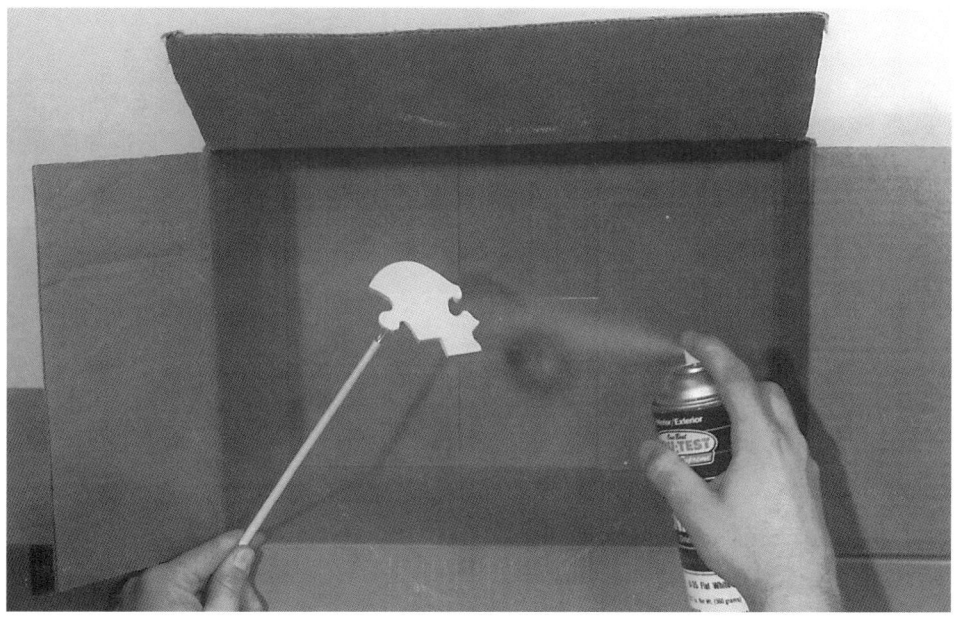

Abbildung 288
Ein Karton kann provisorisch als Sprühkabine benutzt werden. Sorgen Sie unbedingt für ausreichende Lüftung.

Abbildung 289
Sie erzielen eine besonders glatte Oberfläche durch leichtes Schleifen mit feinkörnigem Sandpapier nach der Grundierung und zwischen dem Aufbringen der einzelnen Lackschichten. Das nimmt natürlich etwas Zeit in Anspruch.

Abbildung 290
Mit einem Schwammtupfer können Sie verschiedene Farben schnell und sehr sauber auftragen.

Abbildung 291
Auf diesem Foto sehen Sie, wie mit dem Bleistift Hilfslinien für Details aufgezeichnet werden.

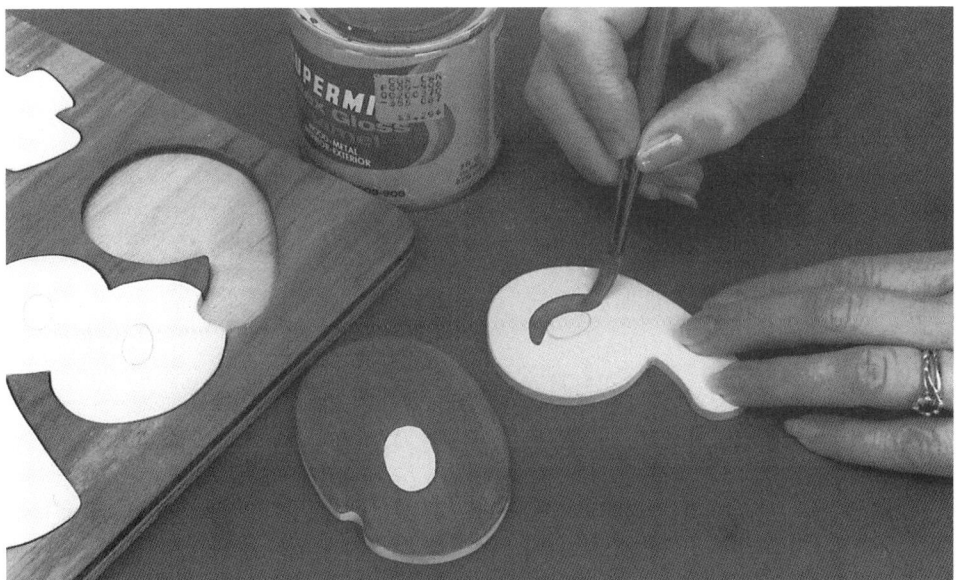

Abbildung 292
Manchmal ist es einfacher, mit einem satten Pinselstrich Details bis an die Begrenzungslinie aufzutragen.

Abbildung 293
Wollen Sie einen gewissen farbigen Effekt, dabei soll aber die Struktur des Holzes sichtbar bleiben? Verwenden Sie farbkräftige Beize, die in verschiedenen Holztönen erhältlich ist. Oder Sie benutzen farbig durchscheinenden Überzuglack, der dem Holz klare und leuchtende Farben gibt, ohne die Maserung zu verdecken.

Abbildung 294
Details wie Augen können sie ganz einfach mit wasserfesten Markern, Tuschestiften und Farbe aufmalen. Die Nase läßt sich mit einer dünnen Linie oder einem Farbtupfer andeuten.

Abbildung 295
Dieses „Raggy Ann"-Einlegepuzzle liefert gute Beispiele für einfache Details, die das Puzzle bedeutend attraktiver machen.

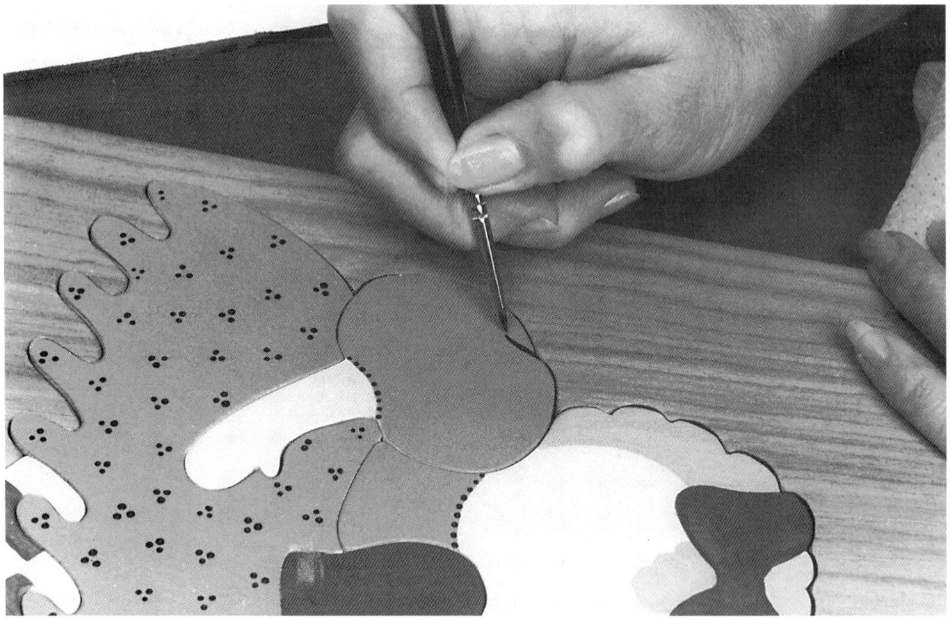

Abbildung 296
Ein kurzer, sich verjüngender Farbstrich deutet eine Stoffalte an.

Abbildung 297
Die gemalte Linie deutet eine Trennung an.

Abbildung 298
Hier sehen Sie, wie man die Schleife malt. Sie erreichen, daß sich die Linie verjüngt, indem Sie den Pinsel vorsichtig anheben.

Abbildung 299
Die Punkte können Sie mit dem in Farbe getauchten Stielende Ihres Pinsels auftupfen.

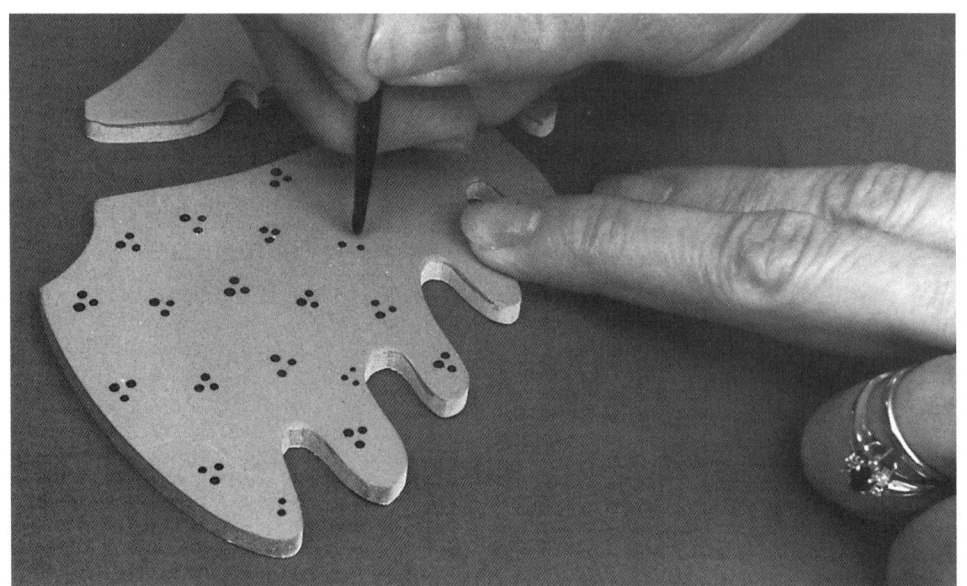

Abbildung 300
Eine Serie von Dreierpunkten gibt dem Kleid ein dekoratives Muster.

Abbildung 301
Ein paar Punkte auf einer Linie heben farbliche Trennungen deutlicher hervor.

Abbildung 302
Auf diesem Foto sehen Sie, wie Herzen mit dem Stielende eines in Farbe getauchten Künstlerpinsels gemalt werden können. Als Farbpalette zum Üben dient ein Abfallstück.

Abbildung 303
Beginnen Sie das Herz, indem Sie zwei Punkte nebeneinander setzen. Natürlich können Sie die Stielenden größerer Pinsel benutzen, um größere Herzen zu malen.

Abbildung 304
Ziehen Sie dann die Farbe aus beiden Punkten zu einer Herzspitze zusammen (beachten Sie die unterschiedlichen Stärken der Pinselstiele).

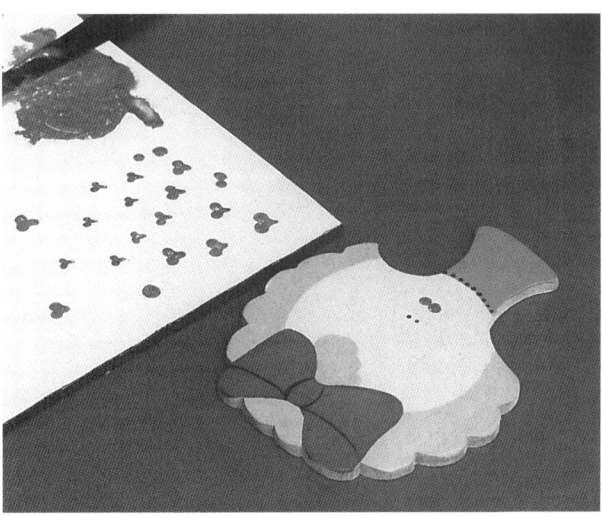

Abbildung 305
„Raggy Anns" Herzmund wird aus zwei nebeneinanderliegenden Punkten entwickelt.

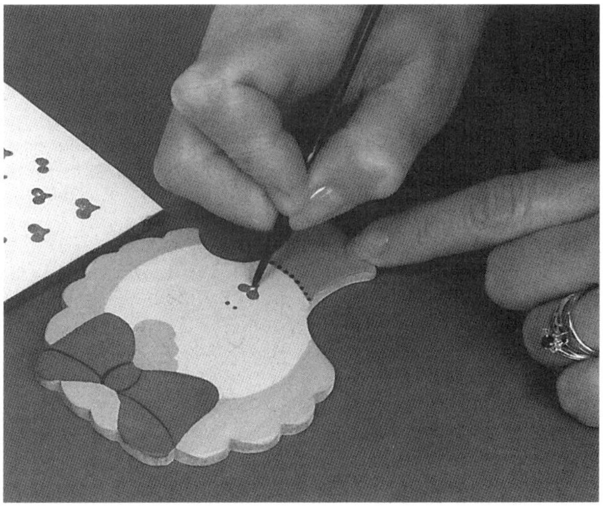

Abbildung 306
Für die Spitze des Herzmunds ziehen Sie Farbe aus jedem Punkt zu einer Spitze zusammen.

Abbildung 307
Sie können ihre Arbeiten mit Brandzeichen, Aufklebern oder einer Signatur versehen. Dies empfiehlt sich besonders dann, wenn Sie Puzzles gewerbsmäßig herstellen.

Rustin's Erzeugnisse,
natürliche Holzversiegelungen aus England

Rustin's Danish Oil -

Tiefgegründete, schutzfilmbildende Grundierung, seidig glänzende samtartige Endversiegelung.

Danish Oil ist ein harttrocknendes Öl, basierend auf natürlichem, asiatischen Tungoil, daß sowohl zum Tiefengrundieren wie auch zum Versiegeln verwendet werden kann.

Leicht und problemlos aufzutragen, bildet Danish Oil einen dünnen Schutzfilm im Holz, der nicht springen kann.

Rustin's Colorglaze

Transparenter, farbgebender und kindersicherer Lack in leuchtenden Farben. Ein farbig durchscheinender Überzugslack für Kinderspielzeuge, bei denen die Holzstruktur erkennbar bleiben soll. Ideal für Puzzles, bunte Kinderautos, Kaufläden und Puppenstuben, die in wasserfesten, kindersicheren Farben leuchten sollen.

Rustin's Polyurethan- Möbellack

Ein klarer Möbellack auf Polyurethanbasis für hochstrapazierbare Spielzeuge aus Massivholz und für gebeizte Flächen. Lieferbar in den Glanzstufen Hochglänzend, Seidenmatt und Matt.

Rustin's Wood Dye

Wood Dye ist eine farbkräftige Holzbeize auf der Basis schnellflüchtiger Lösungsmittel.

Wood Dye gibt es in 10 Holztönen, die untereinander mischbar sind.

Konformitätszeugnis
Alle diese Rustin's Erzeugnisse entsprechen den Kinderspielzeug- Sicherheitsbestimmungen 1989 BS 5665 Teil 3 - 1989.
Das gewerbeaufsichtsamtliche Labor der Regierung der Region Nottinghamshire bestätigt, daß die genannten Produkte gemäß Prüfbericht Nr. 255/2/00091 000 92 vom 21. März 1990 geprüft worden sind und den obengenannten Bestimmungen entsprechen.

Bitte fordern Sie unverbindlich unsere Produktinformationen an.

Rustin's Produkte Verkaufsbüro Deutschland - Rudolf Dercks
Ruhrbruchshof 5 - 45276 Essen - Telefon (0201) 50 00 99 - Fax 50 36 90

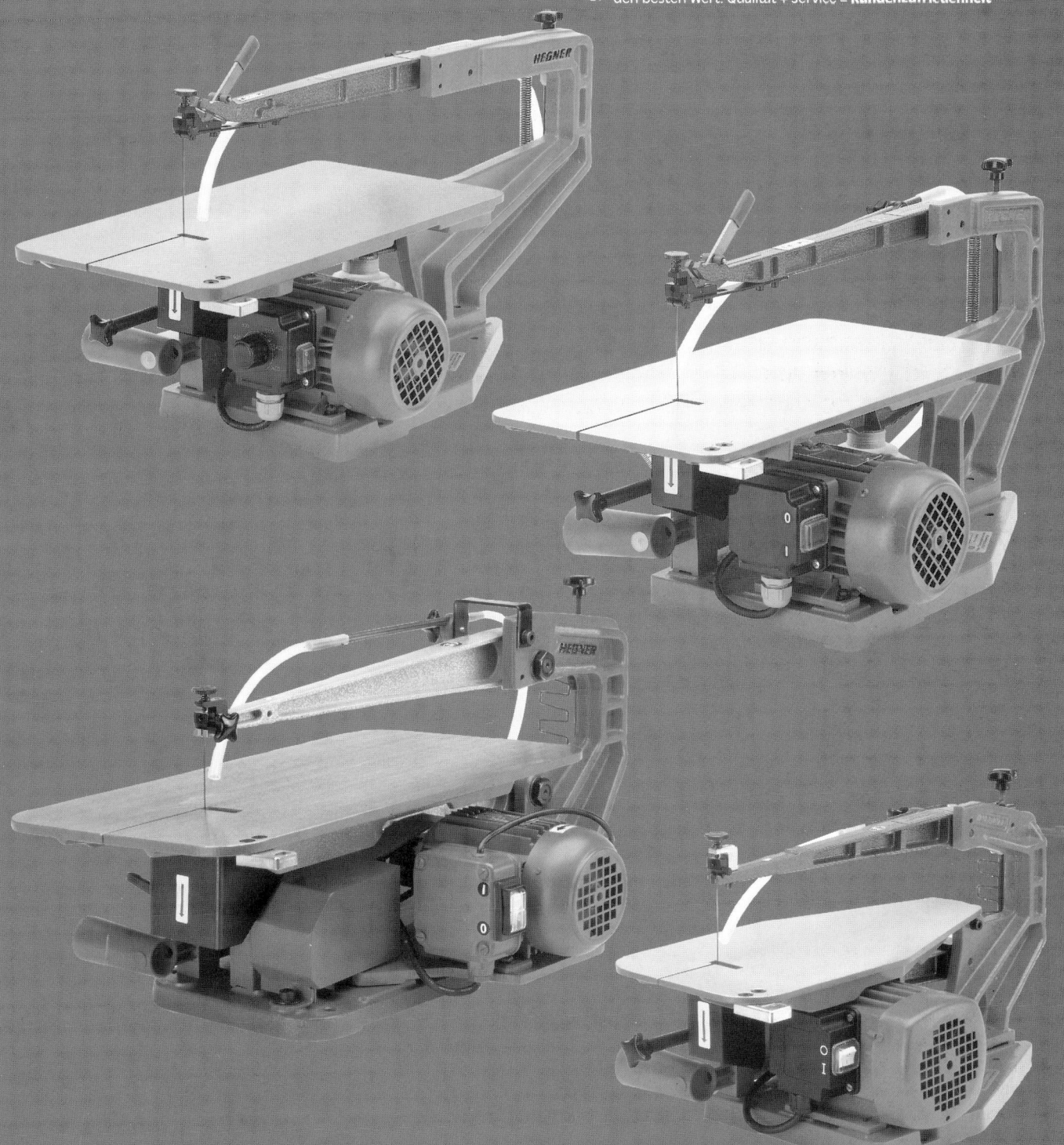

Arbeiten mit Holz Unentbehrliche Techniken von gestern

Arbeiten mit Holz Hobby und Handwerk – Wissen von heute

Neugierig geworden?   Fordern Sie bitte unser Gesamtverzeichnis an!

Verlag Th. Schäfer   Postfach 54 69 · 30054 Hannover · Tel. (05 11) 99 0 99-77